松畑熙一　著

「和魂ルネサンス」への扉

「連語」を生きる ④

吉備人選書

はじめに

２０１９年は新しい元号の「令和」の年。令和、それは「麗しい和（beautiful harmony）」の年です。

これからの日本のあり方を暗示する素晴らしい元号で、このような夢のある時代に生きている幸せを痛感します。

今年（２０２０年）は、神武天皇以来皇紀２６８０年に当たり、２６００年（昭和15年）の節目に生まれた私にとって、それから80年の歳月を総括し、これからの素晴らしい未来を展望する、記念すべき年でもあります。

一つの王朝（国）が２０００年以上も続いている国・日本は、圧倒的に世界一を誇り、第二位のデンマークの約１０００年を大きく離していて、半永久的に世界最古の国といってよい国なのです。２０００年以上も前となると、文字を持たない時代ですので、古事記・日本書紀に頼るしかないので明確なことが言いにくいのですが、少なくとも２０００年以上は前であることは証明されていることです。

これほど長く続いている日本の第一の特徴（国柄）は、天皇と国民のつながりの深さであり、代々の天皇は国民の幸せを祈り、国民は天皇を守ってきたことです。この歴史の長さとつながりという質の深さを兼ね備えた国であり、誠に誇らしいかぎりです。

このような基本認識に立ったとき、現在の日本は今どこにいるのでしょうか。今どこにいて、どのような状況にあり、今後どのような方向に向かうべきなのでしょうか。

「和魂ルネサンス」への扉——「連語」を生きる④

◎目次

「和魂ルネサンス」への扉

序章　私の現状認識から…「今はどんな時代なんだろう？」

1.「灰からはい上がった人生」に何が育っていくのだろう？

私は、戦前生まれですが、広島市で生誕し、原爆が落ちる前の年に福山市神辺町に引っ越しましたので、被爆することなく、田舎の田園風景の中で育ちました。

子どもの頃から遊びたい心と葛藤しながら、田植えや稲刈り、そして麦踏みもした。麦君は凄い奴なのだ。5センチくらい育った頃に、足で麦を踏んでいく。すると麦君は、踏まれた力をテコにして発憤し、根を張って大きく育っていくのだ。この凄い麦君に教わって、後に「麦魂」がわが座右の銘となった。

自然に生かされて、スクスクと育っていたが、高校2年生のある日、藁葺きの旧家が全焼した。しばらくはただ絶望感に流されているばかりであった。

それから数週間が経ち、今、自分がいるのは、「ドン底」だ。ここでじっとしていただけでは、野たれ死にするだけだ。「よっし、はい上がろう！」という声なき声と勇気と元気がみなぎってきた。この「声」が私を導いてくれたのだ。あの「麦魂」に通じる「魂の力」としか言いようがないように思う。

その「声」は、「大学に行って英語の教師になろう！」の夢を生み出していってくれた。親に相談したら、「いいよ、大学に行きなさい」。そんなこと言わないで就職して家計を助けてほしいと思っていたに違いないのにです。

親の一言が嬉しくて、それから猛勉強して大学に入学した。大学ではバイトをして、学費も生活費も自分ですべて稼ぎ、毎月少額ではあったが家に仕送りをしながらの大学生活となった。

「灰君、有り難う！君がわが人生の肥やしになって育ててくれた。」「正に、灰からはい上がった人生だ！」（あの家の全焼がなかったら、今ほどの人としての成長はなかっただろう。）

人は、若いころの絶望の数だけ、希望への転身を経験することができる。

2. 自己内対話：「かけがえのない人間として生きている」という実感はあるか？

大都市の市民たちは、疲れ切って苛立った表情をしていて、どこかくらいイメージを漂わせています。それはどうしてなのでしょうか。自分がこの市民社会の中で存在していることの「立ち位置」を見失っているからではないだろうか。自分がこの社会の中で、必要とされている、かけがえのない人間なのだ、という実感が持てないでいるからではないだろうか。生き甲斐を持って楽しく生きることができていれば、自分とは何者なのか、というような疑念が生まれる余地はほとんどないでしょう。しかし、今やそれを問わずにはいられないほど、どこか人間としての意味や生き甲斐を感じられなくなってきているのではないだろうか。

一方、農村部では、まだ、人のつながりがみえやすい。自分の労働が村のある部分を支えているというわずかながらも実感をもつこともできやすい。農村のゆっくりとした時間の流れの中で、自分がいることとの意味や生き甲斐のようなものが持てることが、安心感ややさしさや余裕をもたらすものであろう。

私が好きなテレビ番組の一つに「小さな村物語イタリア」という週一回の番組があります。今の日本の農村部でもあまり見ることがなくなっているものが何で、なぜなのかを考えさせられるのです。毎回イタリアの違った村の風景や人々の暮らしや営みが紹介されるのですが、どこかすごく清々しいのです。日本の村風景とは異なるものを感じますが、それは何だろう？

(1) 村の集落のつくり方が異なる

日本の村では、村の中に人家が点在していて、家と家は離れていて、家と田畑が近接しているのが普通です。ところが、イタリア（あるいは他のヨーロッパでも同じ）の村では、ほぼ共通して、集落は凝縮してつくられ、その集落のまわりに、見渡す限り畑、畑が広がっているのです。

家は密集していて、隣家の人と窓越しに話ができるほどです。それぞれの集落には、中心に教会、そしてその前は広場になっていて、行商や市が開かれたりします。この広場を取り囲むように、ホテルやレストランや各種のお店などがあり、その外側に農民などの家があるのです。

⑵　村民の距離が物理的にも心理的にも近く、つながりが深い

つながりの深い村人たちが和気あいあいと楽しくすごしていて、子どもも学校を卒業すると村に帰ってくる度合いが高いようだ。

よく昼食時には、勤めている人も外で学んだり仕事をしている人も、家族あるいは親戚などを問わず集まってきて、週一度程度は昼食を共にしている風景は実に羨ましいかぎりです。

⑶　自分の仕事・役割を持つ誇り

子どもも小学生ぐらいになると、誰もが自分の役割・仕事を持っています。鶏や家畜などの世話、農作業の手伝い、薪割りなどを、楽しそうに、しかも自分の仕事をしていることが誇らしげです。家族みんなで仕事を分かち合ってしているという感じです。

このような仕事を通して、自分が家族及び村の中で必要な人間で、かけがえのない人間として暮らしているという喜びと誇りを持っているのがとても印象的です。

小さな子どもの頃から少しずつ家族や隣人たちと関係を持ち合って、その村社会での「必要な存在」としての実感を持ちながら育っていく姿は見ていても実に清々しいものがあります。

自分という存在の価値が感じられるような社会、それは、日本の特に都市部の生活では、なくなりつつあるのではないでしょうか。「自分がいるから社会も回っているのだ」と思えるような暮らしや人間関係が失われつつあるとしたら、大急ぎで皆で取り戻す努力をしなければなりません。

私たちは、ややもすると、一人の人間として「自立する子ども」像を異常に重視し、関係の中で育っていく社会的意義は見落とされていく運命、ということになりやすい。

また一方では、「学力優先」の風潮が異常なほど強く、一に勉強、二に勉強……となり、家庭でも、「お手伝いはいいから勉強しなさい」と発破をかけるのが親の務め、という一般的傾向は改められるべきでしょう。

小さい頃から、勉強も、遊びも、お手伝いも、両立、三立……していくことのなかにしか、望ましい人は育たないのではないだろうか。

1.「野生」を哲学する心

「人が生きるとはどういうことなのだろう?」

(1)「命が私を生きている」

〈基本課題〉「私が『命を生きている』のだろうか？」

〈問(1)〉
「生命とは何だろう？」

まずは、次の問題を考えてみよう。

「地球にいて地球が球体であることはどうすれば分かるか？」

昔は平面説であったが、それから後になって球体説が一般化していったのです。それでは、大きな地球が平板なものか、球体なのかはどうすれば分かるでしょうか。

これには、３つくらいの方法があるようです。

①月食のとき、月に映る地球の影を見て
②港に近づく遠くの船は、マストから船体が見える
③南に旅したときに観察できる南方の星座の位置が高くなることなどの観察から
このことは何を意味しているでしょうか。言われてみると理解できますが、いろいろな視点からモノを考えることの重要性を教えてくれます。

＊「自分」とは何だろうか？

現代という社会を眺めてみると、何が見えてきますか？　考えてみると、いろいろな実態と課題が頭に浮かんできます。モノに恵まれ、便利な時代になってきている反面、自分さえ良ければいいと言わんばかりに、人の心は荒び、優しさや思いやりが欠けてきているのではないでしょうか。

「自分さえ良ければいい」という時の「自分」は、一体どのようなものでしょうか。「自分」とは何でしょうか。「自分の体は自分のもの」と言い切ることができるでしょうか。人間の脳細胞は、１２０億個あるそうです。ところが、死ぬまでに使うのは、普通の人で15％、天才と言われる人で40％ほどであり、普通の人の場合なら持てる能力の85％は未使用のまま一生を終える、ということになります。

自分の個性や能力として表に出ているのが「顕在能力」、表に出ている意識が「顕在意

識」です。残りの85％は、「私」（自我、顕在意識）と関係なく生きていると言われています。「私」の思うようにはならない。「私」の意識に関係なく、心臓は勝手に動いていますし、食べたものは胃腸などで消化吸収しています。

「私」が何の命令も下さず、勝手に体をコントロールしている〝何か〟が存在していると言えます。小林正観（２０１４）も指摘しているように、人間にはたくさんの不思議、多くの奇跡、神秘性が、隠れています。宇宙に、人間に、そして自分にも、無限の「神秘性」が宿っています。

そういうことを知り、自覚し、さらにそれがひとつずつ発見できはじめると、毎日が楽しくて仕方ありません。

発見のたびに「幸せ」です。宇宙の、人間の、そして自分の、無限の可能性、神秘性に気づくのは、楽しいものです。

〈問(2)〉
「生きる主体は誰（何）なのだろう？」

今こうして、「自分が生きている」のです。が、本当にそうなのでしょうか？生きている主体は「自分」なのでしょうか？

例えば、毎日のことであり誰にも共通のことですが、「あなたは、一日の一番最初の始まりに何をしますか？」

カーテンと窓を開けて深呼吸をする、トイレに行く……など。人それぞれですか？　そのようなことのまだ前に、皆が共通してすることがありますが、それは何でしょうか？

そうです。「目を覚ます」ということです。朝、目を覚ますことなく続いていったら、その先はどこに行きますか？　あの世への「永眠」です。永眠することなく、毎朝目を覚ましているわけですが、それは具体的にはどういうことでしょうか？　ずっと寝ていて、「よし、目を覚まそう」と、自分から進んで主体的に目を覚ますことができますか？　そんな芸当は人間誰にもできません。習慣によって、ほぼ同じ頃に目が覚めるということはあっても、秒単位で目を覚ます時間を自己決定することは誰にもできません。つまり、「目を覚ます」と、自分から目を覚ましているように言いますが、考えてみると、目を覚まさせているのは、自分の中で起こっていることとはいえ、自分ではなく、何か（サムシング・グレイト）によって、「目を覚まさせていただいている」のです。有り難いことに、永眠することなく、毎朝、目を覚まさせていただいているのです。まさに感謝あるのみです。

この何か「大いなる存在」（サムシング・グレイト）を、ここでは「命」と置き換えて考えてみましょう。「命」は、人間だけでなく、動物にも植物にも、あらゆる生き物に存在しています。命があるからこそ、生きていけるのです。命を人間が、自分が創る（一から創り生み出す）ことはできません。大変不思議なものが命ですが、命があるから生きていけるのです。生きる主体は、明らかに命であって、自分ではありません。命が自分を生かしているのであって、自分が命を創って生きているのではありません。自分は命によって生かされているのです。いわば、「命が松畑熙一をしている」のです。命を主体とした生き方をしなければなりません。

自分が人間として生きていく「自己主体性」ももちろんありますが、そのような主体性よりもむしろ、自分が何か大いなる存在（自然・命）によって生かされている、「自己受動性」をより重視した考え方、生き方をすることが大切です。

〈問(3)〉「私たちがこの世に生まれてくる基本的な意味は何だろう?」

今までずっと、私は折に触れて、「命とは何だろう?」「命の誕生はどのような意味を持っているのだろう?」という疑問を発し続けてきました。

特に最近の約10年間で、衝撃的とも言える、大きな体験や学びがありました。それは、主として次の2つです。
(1)「子どもは親を選んで生まれてくる」という内容の本や講演に接したこと
(2)『かみさまは小学5年生』と言う本に出合ったこと
これまでの学びや体験から総合すると、かなり高い信頼性を持って、「子どもは親を選んで生まれてくる」と言えます。

ある産婦人科医の証言によると、何十人という子どもの症例が示しているが、2~3歳の子どもの多くはお母さんの胎内にいたときや生まれてきたときのことを覚えていて、「お父さん、私が生まれてきたとき、足を骨折していたよね」、などと証言するというのです。もっとも、大きくなるにつれてそのような記憶は忘れてしまうようですが。

また、池川明(2007)によると、「赤ちゃんは、みずから望んでいのちのすばらしさを伝えるためにお母さんを選んで生まれてきました」といいます。

池川明が2000年に行った調査では、回収できた79枚のアンケートのうち、胎内記憶がある子は53%、誕生記憶がある子は41%にものぼったそうです。さらに、2003年から4年にかけ、長野県諏訪市と塩尻市で3601組の親子にアンケートが実施されました。その結果、実に3人に1人の子どもに記憶があるということです。胎内記憶・誕生記憶は、まったくめずらしい現象ではないのです。

さらに驚いたことは、『かみさまは小学5年生』という衝撃的な本（すみれ、２０１８）に出合ったことです。その小学5年生のすみれちゃんは、手書きで79枚に自分の体験を綴っています。

「わたしは、生まれた時から　かみさまや天使さんたちとずっとお話している。わたしは、生まれた時からだから、それがふつうだと思っていた。だけどちがった。ママはもともと生まれた時から、かみさまや天使さんたちと話していた。けどパパや友だちはかみさまや天使さんたちと話していなかった。それを知ったのが小学2年生くらいかな？

生まれたことじたいが特別だから。特別じゃない人なんてこの世界にはいない。…」

普通の人は、生まれて間もなく忘れてしまう。赤ちゃんたちは、空の上から「ママを選ぶ自由」を与えられているのです。この本に出合って、「かみさまと出会ってしまった」。そこに書かれたすべてが、小さな体から紡ぎだされた、宇宙よりも壮大な言葉だったから。

仏教に「願生思想」という考え方があります。人には、この世界に生まれてくる前に、それぞれに誓ってきたことがある、ということです。自分の「願生」を掘り起こして成就していく過程そのものが生きるということなのでしょう。

＊「私の年齢は、38億歳です！」

「自分の祖先を遡り、人間の始まりを遡り、ずっと遡っていくと、最後はどこに（何に）行き着くか？」

私たちは今、先祖代々から受け継がれてきた「命のバトン」を受け取って生きています。先祖代々を辿っていくと、人類の始まりに、さらに辿っていくと、類人猿……アメーバ……そして最後に行き着く先は、生命の起源ということになります。

38億年前の生命の起源以来、私たちは、38億年の気の遠くなるほどの時間の流れの中で、多種多様な生物君たちの命のバトンを次々と受け継いで、今を生きているのです。

今地球上で生きている生き物はすべて、38億歳です。根源は一つの命ですから、私もあなたも動植物君たちもすべて、38億歳の命を生きているのです。人間を特別視せずに、みな地球に住まわせてもらっているんだという謙虚な考え方を持つことが大切です。全ての生物が、うまく棲み分けしていけるように考えていきたいものです。

＊「はちと神さま」（金子みすゞ）

はちはお花のなかに、

お花はお庭のなかに、
お庭は土べいのなかに、
土べいは町のなかに、
町は日本のなかに、
日本は世界のなかに、
世界は神さまのなかに。

そうして、そうして、神さまは、
小ちゃなはちのなかに。

（『金子みすゞ童謡集　わたしと小鳥とすずと』より）

「世界」よりも大きな神が「お花」よりも「小ちゃなはち」の中にも存在すること、そのような神は形なき神であり、ただ〈働き〉としてのみ存在する神です。この働きとしての神は〈いのち〉と言い換えることもできるでしょう。

花から花へと忙しく飛び回るはちの姿を見たとき、みすゞが驚きとともに直観したのは、この〈いのち〉の不思議さということではなかっただろうか。

本当の自分とは、この無我なる自我です。私たちの内には、自分を超えたもの（無我・

大きないのち）が自分（自我・小さないのち）として働いているのです。

「哲学とは、自分の不思議に目覚めることです。」

⑵「植物人生」を生きる

〈基本課題〉「私たち人間は、植物君たちから何を学ぶべきだろうか?」

〈問⑴〉「動物と植物は、どちらがより進化した優れた生物だろうか?」

普通は、それは動物だ、と考えるのではないでしょうか。しかし、それがかなり大きく違うのです。たとえば、動物は動けるけど、植物は動けない、ですね。確かにそうですが、実際には、「植物は動けないのではなく、動く必要がない」のです。

植物たちは、根から吸った水と、空気中の二酸化炭素を使って、太陽の光で「ブドウ糖」と「デンプン」という物質をつくっています。この反応は、「光合成」といわれます。つくられているデンプンは、私たち人間が主食にしているコメやムギ、トウモロコシの主な成分です。

結局、動物がウロウロと動きまわる理由の一つは、「食べ物を探し求めるため」ですが、植物たちは、エネルギーの源となるブドウ糖やデンプンを自分でつくっているために動きまわる必要がありません。

植物たちは、自分に必要な食べ物は、自分でつくっています。自給自足という、〝あっぱれ〟な生き方をしているのです。

ダニエル・チャモヴィッツ（２０１３）が言う通り、『植物はそこまで知っている』のです。たとえば、ニレの木は、何かの陰になって日光を浴びられないというとき、光に向かって自身を伸ばす方法を知っていなければならない。レタスはアブラムシに食い荒らされそうになったとき、アブラムシを殺すような有毒物質をつくる方法を知っていなければならない。サクラはいつ花を咲かせればいいかを知っていなければならない。植物って、実に驚くべき「超能力」の持ち主ですね！

＊タネ君たちの逞しさに感嘆！

大賀ハスは、１９５１年、千葉市の落合遺跡で発掘された、今から２０００年以上前の古代のハスの実から開花したハスのことです。植物学者の大賀一郎の発掘調査によって、計3粒のハスが発掘された。岡山後楽園などで7月頃には、今でも見事な大輪の花を観賞することができます。

実に2000年以上もの間、地中に眠っていたハスの実君たち。これほど長い間地中にじっと生きて耐え、芽を出すチャンスが訪れると眠りからさめて育ち、開花して人の目を楽しませてくれる、ハス君って何という素晴らしい生命力の持ち主だろう。

＊植物のあっぱれな「ハングリー精神」

ゴルフ場の芝生に2～3日間、水を与えなければ、芝生はハングリー精神を刺激され、水が欲しくなり、水を探し求めて、一生懸命に根を伸ばします。これを繰り返せば、芝生は、たくさんの強い根を精一杯に生やします。

自然の中では、植物たちの欲求が満たされるはずがありません。そんなとき、ハングリー精神を発揮して、精いっぱいの努力を重ねているのです。

〈問(2)〉「植物の生き方に学ぶ『植物人生』とは?」

(1) 分相応に生きる

田中修(2013)にカボックという観葉植物について学ぼう。カボックは、暗い室内でも観葉植物として鉢植えで栽培され、背丈をそんなに伸ばしません。そのようなときには、伸びても仕方のない室内という環境で、「こんな程度で生きていこう」と、与えられた場所に分相応の生き方をしているのです。強い光があり、10メートル以上も伸びられる空間が準備されているのなら、そこまで背丈を伸ばす能力を秘めている植物が、与えられた環境の中では、分相応に生きるのです。

トマト君の潜在能力は、「水気耕栽培」といわれる、温室の水耕栽培で発揮されます。この方法で栽培されると、トマトの一株は、木のように大きく生長します。花を咲かせて、結実をはじめると、約1万6000個もの実をつけます。しかし、普通の畑では、せいぜい数十個だけです。

(2) 競争を避ける

ヒガンバナは、古くに、中国から日本に渡来しました。この植物は、秋に花が咲いたあとに、細く目立たない葉っぱを生やすのです。秋の終わりから冬になると、少し厚みのある、細く長い葉っぱが多く茂りはじめます。冬の間、他の植物に邪魔されず、日差しを浴びて光合成をします。他の植物と横並びの競争をせずに、繁栄できるのです。

昔、ヒガンバナは、お墓のまわりに、わざわざ植えられていました。亡くなった人のからだが土葬されていた時代、そのからだをモグラやネズミが食べに来ないように、植えられていたのです。なぜなら、この植物は「リコリン」という有毒物質をもっているからです。

「個性を生かして、横並びの競争を避ける努力を怠っていませんか」と語りかけているように感じます。

＊生物の2つのタイプ—栄養の得方の違い

生物の2つの生き方を見習って生きていこう！

①植物的な生き方

—自分に必要な栄養物を自分でつくって生きること。植物たちは、根から吸収した水と、空気中の二酸化炭素を材料として、光を使って、ブドウ糖やデンプンをつくっています。

②動物的な生き方

――自分に必要な栄養物を自分でつくらず、他の生物のつくった栄養物を食べて生きること。動物には、植物を食べる草食や、動物を食べる肉食、植物でも動物でも食べる雑食がいます。

食べ物は、もとをたどればすべて、植物がつくり出すもの。小さな魚は、水中に生きる「植物プランクトン」を食べて育つ。

⑶「動物人生」を生きる

〈基本課題〉「動物君たちから何を学ぶべきだろうか？」

〈問⑴〉「人間は、動物よりももっと優秀で、もっと重要で、もっと価値があるのでしょうか？」

＊人間と人間でない霊長類の関係

「動物たちはすべて私たちの親戚だ」（アメリカの先住民）

マーク・ベコフ（２００５）によると、人間と他の動物のあいだには、おびただしい数の違いがあります。しかし、多くの重要な点で「私たち」（人間）は、「彼ら」（動物たち）

の一人であり、また、「彼ら」は「私たち」のうちの一個体です。たとえば、研究者たちは、人間とチンパンジーの細胞の表皮にあるタンパク質を比較して9つのアミノ酸連鎖を調べましたが、合計1271のアミノ酸の配列位置の内、違っているのは5か所だけでした。つまり、この違いはたったの0・4％にすぎません。アミノ酸というのは、タンパク質を構成しているものですが、私たちは99・6％がチンパンジーであり、チンパンジーは99・6％が私たち人間なのだということになります。

また、人間とチンパンジーは、98・4％の遺伝子を共有しています。遺伝子でいえば、ゴリラは、人間及びチンパンジーと2・3％異なり、オランウータンは、人間及びチンパンジーと3・6％異なっているようです。

私たちの動物に対する見方を変えて、動物を「物」または「財産」として見るのではなく、生活の主体者として考えようとする運動は、きわめて重要です。

＊動物たちの考え方・生き方を取り入れる

動物たちの鼻は、私たちよりずっと敏感で、また、かなり違ったように物を見たり聞いたりしているのです。

コウモリは、超音波、つまりきわめて高周波の音を聞くことができます。飛びながら物をよけたり、獲物を見つけたりしています。このように、他の動物と私たちとは違っているし、動物どうしもそれぞれ違っており、それぞれが独自のやり方で世界を見ていることが分かっています。

動物たちは、人間にはできないことをいろいろします。イヌは、かなり遠くから他のイヌのにおいをかぐことができ、コウモリは高周波音を使って獲物を見つけることができるといいます。アリのように自分の体重に比べて何倍も重いものを運べる人間はいない。比較を超えて、「みんな違って、みんないい」のです。

〈問(2)〉
「動物は痛みや苦しみ、不安を感じるのだろうか?」

多くの動物たちは、囲いに閉じ込められたり、飢えさせられたり、社会的に隔離されて孤立状態におかれたり、身体的な拘束を受けたり、逃れられない痛みにさらされる状態におかれたりすると、身体的、心理的に痛みや心配や苦しみを経験します。そうした苦痛や心配が人間によって経験されるものと同じではないとしても、個々の動物たちの痛み、苦しみ、心配は、問題にする価値があります。

〈問(3)〉「人間と動物は、どのような共生関係を創っていくべきだろうか?」

＊人間と動物が共生する世界で、人間の親類である動物たちと調和して生きる人間の手によって苦しむ動物たち、彼らに与えている痛みや苦しみを和らげるために、ガイドラインが必要です。

限られた貴重な地球資源を共有するすべての生き物たちのために、何かをしたい。地球こそが他の動物たちと分かち合いを始めるところなのです。

＊生体解剖は許容しにくい

多くの人々が動物を使わない代替方法の開発に関心をよせています。

「3つのR」……実験室での動物の使用を削減し(Reduction)、動物の痛みと苦悩をすくなくするよう改善し(Refinement)、生きた動物を使わない方法に置き換える(Replacement)こと。

「動物を殺したり解体したりすることは、動物に対するまちがった態度を教え、学生に動物たちは弱いものであり、弱いものが強いものに搾取されることは許されると教えることになる」(哲学者スティーブン・サポンティス)

動物を殺したり解体したりすることは、他の動物の苦しみに鈍感になり、使用される動物への敬意を失うことも考えられます。

〈問(4)〉「私たちは動物から何を学び、何をすべきか?」

未来への鍵、それは人間中心主義との訣別です。

私たちは、なぜ私たちが動物たちに対して行っている恐ろしいことを続けて行うのか、また、なぜ私たちは環境を破壊するのかを問いかけることが必要なのです。

私たちは、自然の中で優しく慈悲深い存在であろうと努力すべきだ。自然の秩序は壊れやすく、生命は繊細なバランスを保っています。ですから、自然のもつ完全性、優良性、寛大さを破壊しないように、私たちすべてが調和をもって働くことが求められています。

*倫理的な豊かさ
倫理について問いかけをすることは科学の最も優れた伝統です。倫理は他の動物たちについての私たちの考えを豊かにしてくれるのです。

＊厄介者扱いされるオス、さて人間の雄は？

ミツバチは新しい女王が交尾を行うごく短い期間だけに現れて、交尾をするとすぐに死んでしまうといいます。オスは1か月ほどの短い人生の期間中、まったく働かないのです。オスバチやオスアリは、社会を維持するという観点からは厄介者なのです。さて、人間の場合はどうでしょう。空元気を出しているだけで、本当は社会の維持に大した役割を演じてはいないということはないでしょうか。

(4)「野生人生」を生きる

〈基本課題〉「人間が本来持っている『野生』とは何だろうか?」

〈問(1)〉
「世界一視力が良い民族とは?」

今の日本人には考えられないほど素晴らしい視力に恵まれている民族が世界にいることがわかっています。控えめなときでも6・0や7・0、場合によっては10・0を超えるようなすさまじい視力をマサイ族が持っていることが確認されています。これは1キロを大きく超える位置からでも見えてしまうことになります。

ただし、都会生活が長いマサイ族の人たちの視力は、私たちとほぼ同じ1・0前後になっています。これは一体何を物語っているのでしょうか。遺伝的な要素と環境的な要素が絡み合っていると思われますが、主として、次の2点にまとめることができるでしょう。

⑴　人類には、本来凄い身体的能力が備わっている

⑵　現代人の多くは、多くの環境的・文化的要素によって、本来の能力は大きく減退している

＊「内なる野生」に支えられた思考へ

私たち人間は、動物たちがまだ持っている「危険を予知する能力」などを、人間は失ったのでしょうか？　今日でも、その能力を持つ人がいます。多くの場合、人が言う「未開の」人たちなのです。

現代においてわれわれの「内なる理性」は、放っておけば衰えてしまう。特に、大自然の原理や生命の原理が関わっているもの、運命、そして「心＝身体」といった対象は、単純な二元論的思考では捉えられない複雑系です。決して「頭」単独で考えたりせず、「心＝身体」の発するメッセージをもとにした判断を行うことを重視するべきです。

人間は「意味」を求め、「意味」なしには生きられない存在です。いくら物質的・経済的に恵まれていて、社会的地位があって家族等の人間関係に恵まれていても、「生きる意味」が感じられないと生き続けることができない。しかし、苦悩から人々が脱するのもま

た、「意味」の回復に依っています。

たとえば現代の代表的な病である「うつ病」についても、スタンダードな精神医療は「セロトニン等の脳内物質のアンバランスが〝原因〟である」として、それを調整してくれる抗うつ剤による薬物療法を主たる治療法としています。

しかし、「うつ病」は、外傷や感染症とは違って、あくまで本人の内部から生じてくる病態です。その症状はどのような「意味」を持っているのか、このような「意味」について丁寧に探求することこそ、真の治療には欠かせないものなのです。つまり「意味」の発見こそ、真の治療薬と呼ぶにふさわしいものではないでしょうか。

〈問(2)〉

「自己の本然的生命力としての〈野生〉を回復し、より深い次元からの『生の明るさ』を獲得するには、どうすればよいのか？」

＊「山はヒトを人にする」

山に象徴される自然は、現人類「ヒト」を、本来のあるべき「人」にしてくれます。山に登ったりしていて、人に出会うと、自然に挨拶を交わし、「気をつけて！」「有り難う！」と短い会話も清々しい。平素喧騒にまぎれて暮らしていると、目先の欲や義理に流されていることを、ふと、そのような会話が教えてくれるのです。そんな雰囲気を山は持っていることを実感して、思わず微笑む。

私たちは、平素の日常生活の中で、何か大切なものを忘れているのではないかと、思えてならない。山が教えてくれるもの、それをここでは、「野生」と考えてみよう。忘れかけている〈野生〉を回復し、「生の明るさ」を実現することを目指して、いくつかの面から考えてみよう。

＊理性と野生のバランス

人間は野生動物ではないが、〈野生〉的動物である一面を放棄すべきではない。

高度に発達した文明社会で、人間が倫理観を失わないためにも、人間性の動物的側面を回復することが大切なのです。

「感ずる理性」を持ちあわせない人格者が、いくら立派な道徳論を振り回してみたところで、いったん生命の連帯感が途切れてしまえば、人権の無視やら他の生命に対する暴力が発生してくるのは必然です。道徳の退廃すら人間の内面世界における理性と〈野生〉のバランスが崩れてしまったことに起因しているといっても、決して過言ではない。

知らぬ間に文明に馴らされた現代人は、〈野生〉を衰弱させてしまい、生命力の勢いまで失ってしまってはいないだろうか。

＊精神文化の形成としての富士山登山

「なぜ富士は、日本のシンボルなのか？」この答えを求めて、２０１９年7月17日～20日に友人４名で富士山に登りました。

「日本の大和の国の鎮めともいます神かも、宝ともなれる山かも」と、万葉歌人高橋蟲麿が詠んだように、古来富士山は大和民族の心のよりどころとして信仰されてきた「霊峰」です。富士の姿を見たとき、いつも端然としている姿にわが襟を正し、言い知れぬ感動を覚えた。５合目の小御嶽神社の宿泊所に泊まった翌朝、５時過ぎ、現地では半月ぶりという「ご来光」を拝むことができて、非常にラッキーであり、感謝！５~7合目あたりでウグイス君が歓迎してくれる。永年の宿願が叶い、和魂に目覚める新たな「マイストーリー」が紡がれたのです。

⑸「生命論的世界観」を生きる

〈基本課題〉「生命を中心にしたとき、どのような世界観が描けるだろうか？」

〈問⑴〉
「生きるとは？　疑問（？）を感動（！）に変えることか？」

＊生きものはずっと持続可能

持続可能でないものがあるとすれば、それは一番に「人間」でしょう。生きものは最初から回しています。リサイクルでなくサイクルなのです。エネルギーと基本物質をつくるという、生きものの中でいちばん大事な反応は、回っています。だから、生きものは38億年も続いています。持続可能です。もちろん一人ひとりは死にます。けれど、生きものはずっと地球の上に続いています。生きものはグルグル回しているからです。

〈問(2)〉
「『地球に優しく』というのは、どこかおかしくないですか？」

＊「イモリも人間もどっちもすごい！」

すべての生きものは、歴史を共有している仲間であり、「生物皆兄弟」です。地球に優しくというのは、人間が上の世界にいると思うから言えることです。そうではなく、地球やその中に暮らす生きものたちに優しくしてもらって、お互い優しくし合おうね、というのが事実でしょう。人間は生きるもの、自然の中の一部なのですから。

＊みんな同じで、みんな違う

地球上の生きものが多様であることの意味を理解し、それぞれが一生懸命生きることの大切さを思うことです。どれも細胞でできていてＤＮＡが入っているという共通性があります。みんな違うということとみんな同じということが重なり合っています。私たちが生きものを見るときの一番の基本です。それを知ること、見つけることはとても楽しいのです。

〈問(3)〉「人間にしかできないことって何か?」

松沢哲郎先生のチンパンジー研究によると、チンパンジーは、人間にいちばん近く、人間ができることがかなりできます。10個の数字がバラバラに並んでいるとき、そのすべてを一瞬にして記憶してしまうことなどは、人間以上の能力です。このようなチンパンジーにもできず、人間にだけできることは何か。それを調べた松沢さんの結論は、「想像力」です。想像すること。今、ここにないことを思い浮かべることです。例えば、今、アフリカで子どもたちがどうしているだろうと、私たちは考えられます。

＊私たちの体と心は「内なる自然」

今の社会は、お金を得ることが優先されて、新しいことを開発しなさいと求める社会です。これをやり過ぎると自然に影響が出ます。環境破壊です。そして、人間も自然の一部なのだから、私たちの中にも自然があるわけです。それを私は「内なる自然」と呼んでいます。

内なる自然は、私たちの体と心です。外の自然を壊してしまったので、環境問題を解決しなければいけないと言うけれど、実は自分たち自身をも壊しているということにあまり気づいていない。
今わかっている生きものの知恵を生かして、自然の中でどう生きるかを考える文明をつくることです。

〈問(4)〉「『人間は生きものであり、自然の一部である』というのはどういうこと?」

＊生命科学に重心を移す
「人間は生きものであり、自然の一部である」という世界観は、世界をどう見るかということだけでなく、それを基に自分がどう生きようとするかということを示しています。日本の産業はこれまで、物理学や化学をベースにした「ものづくり」を中心に発展してきました。今後は、総合科学である生命科学に重心を移し、新たな産業の発展を目指すべきだろう(中村桂子、2017)。

＊豊かな想像力に支えられた「生きる力」
「グローバル」とは、「地球上に暮らす人々は皆一つの船に乗った仲間である」という

認識です。自然離れすることを進歩とした現代文明では、たとえば食品の安全性を自分の感覚（色、味、臭い、手触りなど）で判断することをせず、記載された情報（原材料の記述、消費期限など）だけに頼ります。そこで、期限を過ぎたものはすぐに廃棄し、大量の食品廃棄物を出しています。もちろん、情報の活用は重要だが、食べるという生きる基本には、原則生きものとしての感覚の方が大事です。それには日常をより自然に近くするほかない。自然離れを求めた現代文明とは異なる方向の模索なのです。

＊「絵本を読む」って、想像力と感性を養うこと

まだ文字を知らない子どもに絵本を読むとき、子どもの心は躍ります。絵の中に入って、自由に遊ぶことができるのです。

そうした時間のなかでゆっくりと育まれる、想像力や感性は素晴らしいものです。文字を覚えた後とは違う、いわば魂の体験です。そこで急いではいけない。文字を早く覚えさせようと焦ってはいけない。じっくり想像力と感性を培養するのです。

〈問(5)〉
「『サル化する人間』とはどういうことだろうか?」

霊長類学者・人類学者の山極壽一京都大学総長によると、思いやりや絆など、類人猿が人間に進化してきた過程でせっかく築き上げてきたものを、現代人は捨ててしまっているといいます。デジタル機器に頼って、生身の「対面」が疎かになっていることなどは、まさにサル化の表れだということです。サルとゴリラと人間を比較してみると、人間とゴリラの違いよりも、サルとゴリラの違いのほうが際立っているそうです。それは「対面」したときによく表れます。サルは相手を見つめることは威嚇を意味し、弱い方が視線を逸らすそうです。強弱や優劣をはっきりさせてトラブルを解決するのがサルのルールなのです。一方でゴリラは、人間と同じように対面し、優劣によらずに相手に共感して状況に応じた解決をすることができるそうです。

人間がサルのように強弱や優劣にこだわって、対面することも少なくなっていくと、ゴリラの前のサルへと逆戻りしていることになります。現代のテクノロジーの発達は素晴らしいものですが、それが行きすぎて、対面しなくてもコミュニケーションが代替できる場面が増えてくるのは、大きな問題であると言わざるをえません。

(6) 自然治癒力が健康を創る

〈基本課題〉「『自然力』と『健康力』はどんな関係にあるのだろうか？」

〈問(1)〉「どうしたら健やかに楽に生きることができるだろうか？」

＊お互いの尊敬と助け合いが健康を育む

アメリカのペンシルバニア州のロゼトはイタリア移民が建設した街で、別に他の街とどこがどう違うわけでもないが、１９５０年代、心臓病による移民の死亡率が周囲の街の半分ほどだった。

調査チームは結局、その理由を「住民の連帯感が強い」ということ以外に見いだせなかった。

「お互いの尊敬と助け合いが健康をはぐくむ」

その連帯感が１９６０年代に入って失われてゆく。「キャデラックを乗り回したり、ラスベガスに旅行する人も出始めた」と同時に死亡率が上がり、70年代にはロゼトの優位性は失われたといいます。

だから、生きる上でもっとも大切なのは、「隣人があなたに向ける笑顔」なのです。「あなた自身を愛するように隣人を愛しなさい」というのは、そういうことです。

「自分だけでは生きていけない」、「自分が生きているというよりもむしろ、生かされている」という思いが、「感謝する心」、そして「健康的生活」を引き起こすのです。
＊「天心」……みずからに見えるままに見るアナーキーな天使的な知性、野生の知性
「自然に生きる本来の姿に還って生活を営むことです。自然のいのちの中に自己のいのちを活かしてゆくことにあるのです。生命本然の姿に触れ、その教えを受けねばなりません。自己に目覚むることです。自然を知ることです。」（永沢哲、２００２）
人間はみずからの自然に忠実に、それを活かすことによって、喜びに満ちた野生の智恵を深め、育てていくことができるのです。

〈問(2)〉「健康観の違いによって治療も変わっていくか?」

２０００年以上前の古代中国で生まれた「東洋医学」は、体の自然治癒力を引き出すことで、健康維持や病気の改善をめざす伝承医学です（仙頭正四郎、２０１８）。

これに対して、西洋医学は、「悪いところはメスや薬で取り除く」という考え方が大きな特徴であり、自然治癒力を引き出すことで治癒をめざす東洋医学とは、この点が大きな違いです。

西洋医学は、科学の発達とともに著しい進歩を遂げていて、とくにウイルス性の病気やガンなどの治療においては大きな成果を上げています。しかしその反面、薬の副作用が及ぼす悪影響や、検査で異常がみつからない病気には対策が講じられないなどの問題点もあります。東洋医学は、この西洋医学のマイナス面を補うものとして、期待されているのです。

西洋医学には、「体や心がある一定の状態を保つことが健康、そこから外れたら病気」という健康観が根底にあります。例えば、熱が上がったら病気であると考え、正常に戻すために、熱を下げる薬を処方します。

これに対し、東洋医学では「体の中のすべてのものは絶えず変化していて、その状態こそが健康である」という健康観が土台になっています。最近、漢方が注目されるのは、全身のバランスをみる医学だからでしょう。

西洋医学は、悪い部分を見つけ、抑え込む治療に努めます。それは確かに、外科的な救急医療や感染症の治療には大きな威力を発揮します。でも、糖尿病のような慢性疾患には、ある種の限界があったりします。これからは両者をバランス良く取り入れた「統合医療」が重視されるべきでしょう。

＊「病気を治す」のか「病人を治す」のか

近代西洋医学と漢方―いったい何が違うのか。根本は、治療に対する考え方だ。それを極端に簡略化すると、漢方は「病人」を治す。病気の原因に負けない身体の状況を整えるために、主体としての病人の体を励ますことに重点を置く。

それに対して、近代西洋医学は「病気を治す」。すなわち、客体としての病原菌をはじめ、病気の原因を取り除くことに主たる関心を払う。

漢方は、たえず変化し続ける人間の体の状態を好ましい方向に誘導する。そうして、病人の元気を巧みに回復させようと試みます。

〈問⑶〉「望ましい『病気観』とは？」

疾病を治すのみでなく、再び疾病に冒されないように導くべきです。人間にはもともと病気を治す能力が備わっています。その力は、使えば使うほど強くなります。逆に病気になるたびに、外界からの刺激を取り除くことばかりをやっていると、この治癒力の廃用萎縮が起こります。医者が増え、薬の使用量が増え、その一方で、人間の野生の力はどんどん弱まっていく。

病気は、心身の老廃物を排出する排泄作用を盛んにする手段であり、それによって体の大掃除だから、洗濯が行われるのだ。病気を恐れることは何もないのです。病にかかるのは、体と心に、そうしたい欲求があるからだ。病はもっと健康に、もっと自然になっていくための成長の機会に他ならないのです。

*自然があなたを治癒する

私たちの中にある病を癒す力にこころを開くだけで、その力は、私たちの中に充ちてきます。まるで、枯れた井戸に泉が湧き出るように。

演出家・宮本亜門は、昨年5月、前立腺がんの手術を受け、「命の勲章」をいただいたと言っています。

「人のありがたさを知り、怒らなくなりました」

「がんを含めた人生を面白がっています」

こんなにも「いとおしい」人間として生きる姿がいとおしい。

〈問(4)〉「『自然治癒力を引き出すライフスタイル』とは?」

＊「ガン」君、有り難う!

一般的には、ガンとは、生体内の細胞が異常かつ無制限に増殖する病気であるとされています。確かに、現象としてとらえれば、そのように定義できるでしょう。しかし、ガンは、私たち人間にとって、どのような「意味」を持つものでしょうか。

私のガン克服体験から説明してみよう。11年ほど前、画像診断センターでの検査の結果、初期の「肺ガン」が見つかった。専門医による診断結果からの処置として、いくつかの選択肢が示され、その一つに「しばらく様子をみる」というのがあり、迷わずそれを選んだ。

最初はショックで、「何で自分が？」と、疑い・不安で満たされたが、しばらくして落ち着き、「よっし、猛勉強しよう」と決めた。それからというもの、数十冊にも及ぶ体験談などの本を読み、北海道などへも研究会やワークショップに出かけた。

それでだんだんと分かってきた。最初は、「ガンが幸せをくれた」などというタイトルの本に接して、まったく理解できなかった。しかし、しばらくすると「そうなんだ」と、分かるようになった。

「ガン君」は、私に大切なメッセージを届けてくれたのだ。

「そんなに身心を痛めつけるような生き方をして、早く死にたいのかね？」

…「いやいや、そんなことはない！」

「そうか、ガン君、！わかったよ、有り難う！」

そうなのです。ガン君が送ってくれた有り難いメッセージに感謝する心こそ大切なのだ！

大切なのは、いわば「愛病精神」です。「闘病」してはいけません。せっかくメッセージを発して教えてくれているのが病気なのですから。お陰で、治療費0円で、勉強費は数十万円かけたと思います。

そのような気持ちで過ごすようになって、ガン君は退散していきました。もちろん、食事や運動にも人一倍留意しました。できるだけ、ゆったりと過ごすように努力もしました。しかし、最も大切なのは、心の持ち方・生き方のライフスタイルです。感謝に充ちた和らいだ、ゆったり人生をおくることとです。

ガンは、自分の「心・食事・ライフスタイル」が原因で引き起こした結果です。ガンは結果であり、「心・食事・ライフスタイル」が原因です。

「病気になったら病気を治すな、己を治せ」が鉄則です。

＊「魂・徳・才」の三位一体

「魂」は高め、「徳」は積み、「才」は磨く。魂は、命・生命そのものです。命を生み出している元です。魂の来し方・行く末（私たち人間はどこから来て、どこへ行くのか）を見つめていく。その意味では、「真理とは方向感覚である」と言えます。魂の方向感覚を持って、人は、この世に、魂の修行にきている、そのことを認識することが「人生」です。

＊思考が健康を創る

「健康とは何か」、「どうすれば健康になるか」について、その人がどう考えるかが、健康を創るもっとも重要な要素です。つまり、健康についてのあなたの考え方（思考）が健康を創るのです。

普通は、健康には、栄養（食）、休養（睡眠）、運動が大切だと考えられています。それはそれで間違っているわけではありませんが、それだけではきわめて不十分です。その3要素は、健康を創るための約半分を占めるにすぎないでしょう。

それよりもより重要なもの、それは何でしょうか。それは、「心の持ち方」と生活習慣（ライフスタイル）です。

・「こころの持ち方」…「病気を恐れ、不安に思う心」や「クヨクヨ考え、悲観的に考える心」を持たないようにすること

・「生活習慣」（ライフスタイル）…「暴飲暴食を避けること」や「早寝早起きなどの生活リズム」

以上、健康を創る5大要素（心の持ち方、生活習慣、食、睡眠、運動）の重要性をきちんと理解して、日々の生活をしてゆくことが大切です。

＊アメリカでの４００人の自然退縮経験者への調査

すべての経験者に共通しているのは、「何か一つのことを信じてそれを実践していること」。

どんな方法で対処するかではなく、何を信じるかです。希望を、生きる意志で一歩踏み出すことです。心の限りない可能性を信じましょう。

「一人でも前例があれば、あなたが二人目になれる。前例なければ、あなたが一人目になれる。」（ジョン・ロジャー「ポジティブ宣言」より）

(7) 環境倫理を重視して生きる

〈基本課題〉「環境の中でどのように生きるか?」

〈問(1)〉「環境倫理とは?」

――「環境」に対してどのようにふるまうべきなのかという規範(鬼頭秀一・福永真弓、2009)

対象としての「自然」「環境」とのかかわりに関する基本的枠組みの在り方も環境倫理であるし、「環境」のなかでどのように「生きる」のかという生き方、在り方も環境倫理です。

「環境倫理は、自然に対する人間の態度を決定するさまざまな価値あるいは目的を探求すること」（アンゲーリカ・クレイス）です。

自然に対する立場としては、主として次の２つがあります。

(1)　自然は、人間が使用するための資源にほかならず、未来にわたってよくよく管理されなければならないとする立場

(2)　自然に対するわれわれの態度におけるパラダイム転換を要求する立場

老子の「道」のあり方の一つである「無為自然」（ことさら作為を弄すことなく、あるがままの姿）を大切にすべきです。人間は自分たちの狭い人間中心主義的な世界観を克服し、**自然全体の中で自分たちが本来置かれている価値を受け入れなければならないのです。**

〈問(2)〉

「『保護』か『開発』かという二項対立で考えるべきだろうか？」

＊「保全」の立場と「保存」の立場

一般によく見られるのは、「保護」か「開発」か、「大切な自然を守るのか、それとも人間の利益を追求するのか」という二項対立で語られます。

すなわち、自然を守るのは、それが人間のためになるから守るべきなのか、それとも自然それ自体に価値があるから守るべきなのかという問題だ。

保存……利用のための自然保護

保全……美と尊厳を守るための自然保護

これはいずれも、人間中心主義の考えであるといえます。

自然保護の場面では、人間と自然はいわば一つながりに連続しています。自然環境は、つねに人間の美的価値観や、自然に対する思いによって彩られたものとして、人間の目には映ります。また人間は身体を持っているから、身体の内側に「内なる自然」の呼び声というものが根深く入り込んでいます。だからここにあるのは、「人間―自然連続体」とでも呼ぶべき、一つながりのものなのです。

自然を守るとはなにを守ることかといえば、それは、自然環境に対峙する私の「内なる自然」と、私を取り巻く「外なる自然」が、豊かに共鳴することができるような、人間と自然の関係を守るということなのです。

〈問(3)〉「肉食の環境負荷はどの程度だろうか?」

＊食物としての動物

肉食中心の贅沢な食生活が、環境に大きな負荷を与え、あるいは発展途上国の農家に貧困を強いています。口にする肉1kgを生産するのに、その7~10倍の穀物(トウモロコシなど)を飼料として与えているので、肉1kgと穀物10kgとを同時に消費しているということになります。ベジタリアンになって飼料にまわされている穀物すべてを飢えに苦しむ人々に直接届けることができれば、計算上は世界中から食料問題はなくなると言われています。しかし、現実は、世界の食肉生産量と一人あたりの食肉消費量はむしろ年々増え続けているのです。

ウシのゲップに含まれるメタンガスが温暖化を促進します。メタンガスの温暖化効果は、二酸化炭素の21倍で、その全排出量中で家畜が占める割合は37%に上ります。そもそも牧畜には大量の石油も必要とされ、結果として温室効果ガス排出量全体で家畜の占める割合は18%(二酸化炭素換算)にもなり、これは自動車を上回るという。

＊「エコロジカル・フットプリント」

一人当たりの食料生産や活動一般、その廃棄物や浄化などに必要な土地面積の指標。日本人一人で4・3haの土地に依存しており、これは世界中の人間が同じ水準の生活を送ると地球2・4個分が必要になります（NPO法人エコロジカル・フットプリントジャパン）。アメリカ人の場合は、地球5・3個分にもなるといいます。

＊菜食論

私は玄米菜食中心の食を心掛けています。日本では菜食論があまり進んでいないようです。欧米ではライフスタイルとして菜食主義を選択する人は少なくない。その動機としては、環境問題への配慮のほかに、宗教的理由、ダイエットや健康、BSE問題を含む食肉の安全性への不安、単純な肉への嫌悪感などがあるが、その他、畜産の現場で無慈悲に取り扱われる動物たちへの憐みがあります。

工場式畜産の冷酷さを如実に示す例としてよく取り上げられる、仔牛肉（ヴィール肉）用の仔牛たちの悲惨極まりない境遇。フランス料理などの高級食材として人気のあるこの肉の生産のために、生後すぐに母ウシから離され、身動きの取れない囲いの中で日の光も見ないまま短い生涯を終える仔牛たちの哀れさに、またその管理・運営に一貫する経済的合理性の冷酷さに、心動かされない人はいないだろう。

玄米菜食を中心に、日本の風土で自然にできるものを食べて生きよう。低体温も、ガンも、心臓病も、不妊症も、それで解決する、と言われているのです。

〈問(4)〉
「美学レベルで考えるとはどういうことか？」

＊「フラワーアレンジメント」と「生け花」はどう違う？

「フラワーアレンジメント」は、西洋の文化で、「足し算の美学」に基づいていますが、「生け花」は日本独自の文化で、「引き算の美学」に基づいています。生け花では、本質的なもの以外はできるだけ削ぎ落として、シンプルな中に美しさを創るのです。

人に迷惑をかけないようにすることは、倫理的に重要です。しかし、迷惑をかけさえしなければ何をしても良いだろうか？　しかし、「法律レベル」、「道徳レベル」、この2つの社会規範にとどまる限り、「人に迷惑をかけていない」行為を禁止する根拠は出てこない。それは、美的レベルに属するもので、いわゆる「己の美学」という視点だ。「お前自身の美学を持て」とする視点です。「法律のレベル」、「道徳のレベル」に次ぐ「美学のレベル」です。

こうした美学を示すことは、己の矜持の必要性を訴えるものに他ならない。それは、他人への迷惑の有無とは異なった、克己を中心とした「人の道」だ。

単に「人の命はかけがえのないものだから」というようなきれいごとにとどまることなく、なぜだめなのかを示さねばならないだろう。

自分の欲望をかなえてくれる科学技術があり、それが合法的でしかも他人に迷惑をかけるものでないならば、それを否定する根拠は道徳からは出てこない。己の生誕の美学という視点を持たないままにいれば、進歩する科学技術は我々の目先の道具と化してしまうだろう。

(7) 環境倫理を重視して生きる

私が常に希求している、ものごとの真理を追究する「哲理学」は、次の公式にまとめることができるだろう。

哲理学＝（法律＋道徳＋科学技術）×美学

ものごとのあるべき姿を追究するとき、己の心の問題が中心となるがゆえに、他者の目を前提とする道徳のレベルというよりは、むしろ己自身に関する「美学のレベル」が全体を包含するものとなります。自分なりの美学を、「こんな人間にはなりたくない」というイメージを持てればよいのです。

『自分らしく生きる』とはどういうことだろうか？　これは、他人との関係性の中でのみ捉える道徳ではなく、道徳性をも包み込んだ「己の美学」を貫徹する生き方です。「美学としての自分らしさ」を求めて旅することです。

「水のよさは、あらゆる生物に恵みを施し、しかもそれ自身は争わないことである」

（老子）

〈Stories for Discussion（1）〉

＊川に落とされた良寛さん

江戸末期の僧・良寛さんは、檀家をもたず、「書」の依頼を受けると、その御礼に米や味噌などをもらって、つつましい生活をしていました。決して偉ぶらず、文字が書けない人の代わりに手紙を書いてあげたり、いつも手まりを持っていて子どもたちと遊んだりと、おおらかに過ごしていました。とても人気者でしたが、それを妬んだひねくれ者の船頭がいました。

この船頭は、舟に乗りにきた良寛を、川の真ん中あたりで、わざと舟を揺らして川に落としてしまいました。泳げない良寛は溺れ、死にそうになったころやっと舟に引き上げられました。

水を吐き、やっと言葉が言えるようになった良寛さん。この船頭に対してこう言ったのです（何と言ったか考えてみよう）。

良寛さん：「――――――――――――――」。

面食らったのは船頭です。そして、こう思ったのです。自分はどうして、こんな素晴らしい人のことを妬んだりしていたのだろう。その夜、船頭は酒を持って良寛さんの庵を訪ねて詫びました。良寛さんは心から歓迎し、その夜二人はゆっくりと酒を酌み交わしたのです。

（良寛さんの言葉：「助けてくれてありがとう。あなたは命の恩人です。この恩は一生忘れません。」

2.「和魂ルネサンス」を目指して

「私たちは現代社会でどんな役割を果たすべきだろう？」

⑴ 人間存在の基本を訪ねて

〈基本課題〉「人間は基本的に何を求め、どんな存在だろうか？」

〈問⑴〉
「私たちは色眼鏡を通してしか世界を認識できないのだろうか？」

コペルニクスは、私たちの目には「太陽が地球の周りを回っている」ように映っているけれど、実際は「地球が回っている」と主張しました。このような革命的な観点を「コペルニクス的転回」と言います。

カントは、理性の限界を深く考え、私たちが把握できるものを把握しようとすると言っています。その認識形式を、一種の色眼鏡だと考えることもできます。私たちはその色眼鏡を通して世界を見ることで、世界を理解可能な姿につくり上げ、それを認識しています。

＊色眼鏡を通して見ていることに気づけば、認識を変えることができる

私たちが白黒の眼鏡をかければ、人生はおのずと白黒になります。たとえば、「死は悪いこととは限らない」ということに気づくでしょう。生まれながらに死を怖がるのは、私たちが「怖い」という色眼鏡で死を見ているからです。加えて「怖い」ことが「悪い」ことだと思っているため、おのずと「死は怖くて悪いこと」だという認識になりがちです。

人生がどういうものなのかは、私たちが人生をどうみるかによって答えも違ってきます。

＊「品格」メガネで見る心

「品格」とは、次の5大要素を備えていることだと、私は常々考えています。

「品格」＝「聖性＋徳性＋知性＋感性＋体性」

万物を成り立たせている根源の存在「道」（老子の思想）を基本にしているのが「品性」であるとも言えます。自分を誇示しない謙虚さやどんな事態にも自在に対応できる柔軟性など、素晴らしい徳を体現したものです。

一方、「人格」は、この5大要素のうち、「聖性」を除いた4大要素によって構成されるものです。

「聖性」とは、人間存在を超え、支え、生み出している「大いなる存在（サムシング・

グレイト)」を思い、畏敬の念をもって寄りすがる心から生まれるものと言えるでしょう。

普通言われている「人間力」を磨くことが「人格」形成に直接つながるでしょうが、「聖性」形成にはつながりにくい。人格的な「精神・心」ではなく、スピリチュアル(霊的)なもの、大自然の摂理が「聖性」であると言えよう。

品格の5大要素、すなわち、「聖・徳・知・感・体」の5性を高めることを基本目標としたい。

「人が生きる」ということは、人格形成への道を歩むことです。しかし、人は、自分だけで、自分の力だけで生きることは決してできない存在です。いろいろな人やモノにお世話になっていることもさることながら、大自然の摂理に基づいて生命が与えられ、その生命が主人公になって、はじめて「自分」(自然の分身)として生かされている存在です。

人格レベルを中心とした「人間力」を磨いていくことと並行して、品格レベルの「自然人間力」、すなわち「自然に生かされて、人間として生きる力」がすべての人にとって、すべての人づくり・教育にとってキー概念・目標となるものです。いわば「品格メガネ」で見る心を大切にしよう!

〈問(2)〉「あなたは、73億の世界の人々の中で、総合的に見て何位くらいに位置すると思いますか?」

(1)約1万位　(2)約1億位　(3)約10億位くらい　(4)その他(　　)

自分で自分をざっと自己評価してみて、大雑把に答えてみてください。勿論正解はないし、あなたの考え方しだいです。必ずしも選択肢に限定されないで、自由に考えてください。

この問いは私が考えたオリジナルなのですが、私の答えは、こうです。選択肢の中には無いのですが、「1位」です。しかも、すべての人が「1位」です。本来すべての人は、それぞれの「良さ」を持っていて、しかもそれはそれぞれ個性的で比較を超えています。あえて比較すると、みんな一番、としか言いようがありません。自分なりの「オンリーワン」をどう育てていくかが、すべての人にとっての人生の基本課題です。

〈問(3)〉「あなたは自分のことを自分で何%くらい分かっていると思っていますか?」

自分のことは自分がいちばんよく知っている、でしょうか? 自分とは何ですか? 自分で意識的にコントロールしてできることはどれほどありますか? そのような問いを問うていくとき、自分のことはいちばん自分が知っているとは、とても言えないと思えるでしょう。私は、せいぜい10%だと思っています。自分は「自然の分身」であり、大自然の摂理のなかで生かされている存在です。そのことが大半の問題であるという認識を持たねばならない。

〈問(4)〉「人生の意味」とは?

＊自分は自分だけで生きられる存在ではない

私たちは、自分の行為に、どの程度自主的・本質的に関わることができるでしょうか。

例えば、私が飛行機で移動する場合、私はその移動行為にほぼ全く関与していない。飛行機を実際に飛ばしているのはパイロットや空港の管制官だし、運行しているのは航空会社だし……。

これでは到底、自分の移動行為に自分が自主的・本質的に関われているとは言えない。もっとも基本的な生存行為である食にさえ本質的に関わることは難しい。食とは、端的に他の生物を殺して栄養分として摂取することです。われわれは他の何者かを殺さなければ生きられず、われわれの生には他者の死が含まれているわけです。

現代において、生きるための活動や行為がすべて消費に置き換えられたため、われわれは他者の製造した商品やサービスを通じてしか自分の生に接点をもてなくなっています。

「人生の意味とは、意味を人生に与えていくことだ」（ケン・ハジンズ）

あなたが大切だと思うことに、あなたの人生の意義が隠れていて、あなたが価値を感じるものの中から、ゆたかな人生が創られていくのです。

⑵ 歴史に「和魂」の宝を探す旅に出る

〈基本課題〉「『和魂』のルーツを辿ると何が見えてくるか？」

〈問⑴〉
「歴史を知る楽しみ」とは何か？

歴史は「祖先からのラブレター」です。「へえ、そうだったのか」といった新鮮な驚きの要素と頭脳を駆使して考える楽しみの両面があります。

「この世界には、『事実』が存在しているのではなく、『解釈』が存在しているだけです。」

歴史家の抱えている問題意識や個性、あるいは男女の違い等によって、選択する「事実」も「解釈」も異なってきます。一つの事実も、「えっ、どうしてだろう？」という問いを発する心を持って接すると、歴史の意義や面白さが見えてきます。

「愚者は経験に学び、賢者は歴史に学ぶ」（ビスマルク）

たとえば、現代は「見通しが立たない時代」と言われますが、「えっ、そうなの？」過去はどうだったのだろうか。見通しが立たない時代は、戦後など何度もあったでしょう。しかし、今が特異であるとするならば、それは何でしょうか。ＡＩの進展にも見られるように、「変化のスピード」が極めて速いことです。その変化を歴史の流れの中で感知し、対応策を考えていくことが大切です。

＊戦後の「東京裁判で失われたもの」を取り戻すことによって、真の「戦後」は終わる

ヘンリー・Ｓ・ストークス（２０１９）が強調しているように、日本はアジア諸国と戦争をしていない。日本はアジア諸国を侵略していない。日本がアジアで戦った相手は白人キリスト教徒の欧米列強なのです。ここを間違えずに、正確に認識しなければならない。

大東亜戦争前、アジアで欧米列強の植民地とならないで独立を保っていたのは、日本だけだったのです。つまり、大東亜戦争は日本がアジアを植民地支配していた欧米列強の軍隊に挑んだ戦いだったのだ。日本が大東亜戦争を戦ったからこそ、アジア諸国は欧米列強の植民地支配から解放されたのです。

「東京裁判で失われたもの」は何だろうか。基本的には、日本にあったもの、日本的なものはすべて悪であると刷り込まれ、日本人の何たるか、つまり日本人としてのアイデンティティです。

本来の「日本らしさ」とは何かを、歴史の中から拾い上げ、新たに「和魂」の創生へと努めることによって、戦後は終わり、「和魂ルネサンス」による新たな社会が創られていくのです。

〈問(2)〉「日本人の古来からの文化的特質はどのようなものだろうか?」

(1)「灰色の決着」を重んじる日本人

西欧社会では、善か悪かをはっきりさせる文化的背景が歴史的に形成されてきました。こうした対立概念によって相互不信を招くということになりやすい。しかし最近では、「シナジー(相乗)効果」とか「ウィン・ウィン」などが重視されてきています。これは、対立軸を超えた双方にとってメリットのある解決策を模索することになります。

日本人は伝統的に、異なるものを二律背反的に捉えなかった。古来八百万の神が共生している日本では、本来ならば対立するはずの考えや、気質、性格や挙動をも相互に認め合って共生する「和の心」が育まれてきたのです。自分がすべて正しく、相手がすべて間違っているという考え方をしない。両方を立てて灰色決着を目指しているので、敵対関係になりにくいのです。

⑵　世界一の長い歴史が日本人を育んだ

＊なぜ皇室伝統は、かくも長く続いているのか

なぜ皇室は皇統連綿として126代、2680年も絶えることなく続いてきたのだろうか。それは「天皇制」というような制度ではなかったからです。それは誰が制定したわけでもない、民族の中に自然にはぐくまれた文化だったのです。人が創った「制度」ではなく、自然に生まれた神ながらの道の中心的存在だったからなのです。

＊「全体善を考える」特性

欧米はやはり個人善です。自分の利益ということが、常に中心に来るのです。一方日本では、「私」よりも「公」を優先させます。全体善を考える、世界に類を見ない国民なのです。日本には、全体の善を考えて行動する、という発想が庶民の隅々にいたるまであった。時代は変わっても、成功する経営の基本は、「全員参加型一体経営」なのです。

(3) 「道」に「美」を求めるセンス

人には人の「道」が、商売には「商道」が、芸術には「芸道」が、宗教には「神道」・「仏道」があり、「道」を究めようと努力することが、それぞれの分野の世界で生きることです。「道」を追求することが「美（意識）」を追求することでもあります。「どう生きることが正しいか」よりもむしろ「どう生きることが美しいか」が重視されます。

「道」へと進んでいく中で、「シンプルな美」が求められます。質素で、簡素で、無駄のない、飾らない、自然体の美が追求されます。いわば「引き算」の美学が、茶道や華道を始め多くの「道」において重視されます。

世界の多くの国では、内面的な心ではなく、外面的な善悪の倫理・道徳をより大事にしています。日本文化は、そのギャップをできるだけ小さくしようとして、美意識を倫理・道徳の最も大きな基準にしているわけです。

道徳に枠づけられた人間観よりも、ずっと大きく広く深い人間観が、「どう生きるのが美しいか」という美意識にはあり、「もののあわれ」を知る心にあると言えるでしょう。

私の亡き母は、自分が「する」のではなく、「させていただく」のだ、と言うのが口癖でした。神様のお蔭で生活を成り立たせていただいているという感謝の心が生きているのです。

＊和食文化の「美」

和食の美しさは、自然の恵みを大切にし、自然と一対になっているところにあります。たとえば、お祝いのときに赤飯を配るが、必ずといっていいくらい南天の葉を添えます。

〈問⑶〉「日本人の世界観」はどのようなものか？

＊世界観……人々が抱く世界についてのまとまったイメージ

世界観、それは思想の背後に隠れ、その下から思想を支えるもの。直接的に表現されず、目に見えず、意識されず、思想の母体となるものです（大嶋仁、２０１０）。

人は自らの世界観に合致した方法で世界を認知するものです。個人主義的で独立性を重視する西欧社会と違って、アジア特に日本では、集団や周囲の他者との調和・協調を重んじる傾向があります。

たとえば、「出る杭は打たれる」ということわざは、個性に対する社会の圧迫を表現したものです。調和的な社会関係を維持することが個人の成功より優先されることを暗示しています。

＊「神仏習合」の世界観

神道には列島在来の要素が多分にあり、その意味で日本人の根本的な考え方と密接していいます。しかし、もし日本人の世界観を体現しているような宗教が実際に存在するとすれば、それは神道でも仏教でもなく、神仏習合です。

肝心なのは、仏も神も互いに排除することなく、「一切悉有仏性」の教えに導かれ、神仏共存の道がひらかれ、古来の「一即多・多即一」の世界観が保たれたのです。

＊世界観の危機

近代になって日本人の伝統的世界観は大きく崩れてきています。その最大の原因は、西洋近代文明の受容であると言えよう。西洋近代科学の背後にある機械論的世界観と実証主義が流入し、人間と自然との一体感が破られ、主観と客観が分離し、思考と身体が分離されます。また、「富国強兵」によって工業化を推し進めた結果、世界観の基礎となっている農村共同体が急速に崩壊していっていることが大きい。最近のあまりに個人主義が横行している傾向は是正すべきでしょう。

〈問(4)〉「日本人の〝遺伝子〟――『和魂』とは何か?」

＊日本人の〝遺伝子〟――「和魂」

「新米を食うて養ふ和魂かな」（村上鬼城）

この句の底流に流れているように、日本人のＤＮＡは、米でできています。和魂の基盤、それはお米なのです。それでは、和魂は何時ごろから意識され始めたのでしょうか。

多くの歴史書が示しているように、今から1万年から1万5000年前の縄文時代に、すでに日本独自の和魂《にぎたま》文化が形成されていました。それは、東洋文化の一翼でもなければ、西洋文化でもない自己完結度の高い固有の文化でした。この和魂は、古代以降日本に入ってきた漢心《からごころ》とは全く正反対の心です。漢心は、大陸的で荒々しいのに対し、和魂は、東洋的で素直でおだやかです。日本民族が世界で唯一、女性神である天照大神を始祖として崇めたのも、きわめて自然でした。したがって、和魂は人類が自然に素直に育てばそうなる心で、それは誰に教わるものでもなく、ひとりでに生まれた神《かん》ながらの心と言えます。

また一面としては、国や家を守るために決然と立ち向かう。それが男性的な大和魂（荒《あら》魂《たま》）です。それが古代の防人や中世以後の武士《さむらい》精神となり、今日にまでつながっています

（清水馨八郎、2002）。

＊外来文化を受容し変容させる知恵

外来の文明をたくみに和風化して、これをたちまち世界に類のない高度の文明に高めるという行為は、特別な独創性と、よりよいものを見分ける選択力がなければ、とうていなしえないことです。「受容と変容の知恵」です。

＊穏やかで細やかな日本の自然条件

雨の降り方一つとっても、日本には「春雨」、「五月雨《さみだれ》」、「時雨《しぐれ》」、「梅雨」、「長雨」、「みぞれ」といった数えきれないほど異なった降り方があって、日本語はこれを見事に使い分けています。

さらに、かすみ、花ぐもり、稲妻、夕凪、夕焼け、朝焼け、夕涼み、野分、また風情とか、もののあわれ、露の生命、わび、さび、しぶさといった優美、優雅な日本的感覚は、瑞々しい国土の多様な風土から、自然と醸成されたものです。微妙な自然と一体となった民族の文学的、文化的所産です。これに四季の変化が加わって、季句としての世界一短い俳句が生まれたのです。

＊日本の新幹線が世界一の理由

東京駅は、一日160本もの新幹線をたった2面4線のプラットホームで運行させています。その運行密度に外国人経営者は仰天します。チームを組んで一編成（最長17両）を7分間で掃除する。これだけの高速鉄道網を整備できる国は日本しかないのです。

＊日本の庭園と西洋の庭園

金閣寺や竜安寺などの庭園に見られる伝統的な非シンメトリー的美しさに感嘆します。

日本の庭園…あるがままの自然を切り取ったように、池や滝や木々が息づいている。

西洋の庭園…噴水や幾何学的な庭などの人工物によって、自然にさからい、自然を征服したかのように造られている。

この違いは、人間が自然の一部であり、万物を神として自然崇拝する、古来からの日本の姿を如実に示しています。一方、西洋の一神教の世界では、自然の支配者として神が人間を造ったとし、人間は自然の所有物であると考えます。

日本では、いわば「生物皆兄弟」という意識があるので、親が子に「ワンちゃん」「トンボさん」などと人と同じ扱いで呼び合う。そのことを象徴しているかのように、「手のひらを太陽に」の童謡では、

「みみずだって、おけらだって、あめんぼだって、みんなみんな、生きているんだ、友だちなんだ」

＊結論を「あえてはっきりさせない」理由

これは「和」を重んじる日本人にとっては、ごく当たり前の姿勢ですが、敵をつくらないための最善の方法だからです。自己を主張するのではなく、相手の立場に立って、相手の思いを察するのです。「負けるが勝ち」という面白い言い方がありますが、これもまた、日本人独特の「心」と「心」の通じ合いということになろう。「負ける」のは「勝ちを譲る」ということなのだ。

＊日本人が最後まで守らなくてはならないものは何か?

これは多様性を実現しながら無秩序にならないためにはどうしたらいいか、ということです。３要素（天皇制・日本語・八百万の神々に基づく世界観）を総合した「和魂」を守っていくことが必須である、と考えます。これらの要素が一つでも欠けてしまえば、日本は日本として成り立たなくなってしまう。

日本にとっての伝統とは、新しいものを取り入れるという革新の連続のもとに形成され、「可変」です。しかし、その軸には、常に、天皇の存在があり、日本語という言語があり、自然に八百万の神々を見出してきたという「不変」性があるのです。

⑶ 現代文明の危機をどう克服するか？

〈基本課題〉「現代文明の危機的状況を克服するには何が必要か？」

〈問⑴〉
「3・11に砕かれたのは近代の成長信仰か？」

「東日本大震災」の避難場所で避難者と寝食を共にして学んだことは非常に多い。その中の一つ。7月のある暑い日の昼過ぎ、約20棟の仮設住宅に案内されて、「何かに気づかれませんか」の問い。見回しても特にすぐは気づかなかった。説明を聞いてびっくりしたのですが、約30℃の中、エアコンは設置されているのに、誰一人つけていない。扇風機で我慢しているのです。仮設住宅に入れない人もいるし、節約しなくては……と。「もったいない精神」の典型です。

この日を境にして、自分の生き方の一部を変えました。それまでは、エアコンはつけて、涼しくなったら消していたのです。それ以降は、エアコンはつけないで、我慢できなくなったときだけつけることにしたのです。確かに、32℃くらいまでは扇風機で大丈夫です。

これは、小さな実践にすぎませんが、このような学びの行動化によって、一人ひとりの復興支援行動が、地域のそして国の復興へとつながっていくと確信しています。

今やモノ優先の「成長社会」も飽和状態にあり、科学技術の進歩によるめざましい社会成長も停滞状態にあります。原始日本から継承されてきた〝和の心〟を大切にしながら、夢と希望の持てる新しい時代の創生を！

「自然を大切にした生き方」をするための基本の一つは、大自然（お天道様）に生かされて生きていることへの感謝に基づく「自然人間力」です。
＊「支援」から「互援」へ
学生たちは、そして私も、最初は「支援」するつもりで現地に行ったのですが、帰りには、全く異なる心を教えられ、持って帰るのです。あんなに大変な大災害に遭遇しながら、明るく前向きに助け合って生きておられる、いわば「日本人の魂（和魂）」の原点を

教えられるのです。

もうこれは、「支援」ではない。言葉が無いので、新たな言葉を考えました。いわば上から目線の「してあげる支援」ではなく、お互いに支え合う「互援」です。お互いの双方向の支え合い・助け合い・学び合いです。

今、日本人として求められている最も基本的で、最も大切なこと、それは「和魂」に基づく「生かされて生きる」力です。「生きる力」というよりも、「生かされている力」を大切にすることです。ここを基点にして、明るく元気・活気・熱気のある生き方を求めて頑張っていきたいものです。

私も学生に同行して被災地に4度赴き、多くを感じ、考えさせられました。モノとカネの価値観に大きく支配されてきたこれまでのあり方に対して、自然・人間・社会の繋がりに基づく新しい価値観による社会変革への可能性が拓かれていくことこそ重要であることを、肝に銘じて今後の生活を進めていきたい。

〈問(2)〉「『文明の進展と環境問題をセットで考える』とは何か?」

＊経済発展の副作用

経済発展という巨大なプロセスには、さまざまな副作用があります。

①人々のあいだに厳しい競争を生みだし、協力関係や助け合いに代わって対立が生まれる。

②それまで日常的にもっていた自然界とのかかわりから、人びとを組織的に切り離す。

③それぞれのアイデンティティ（自分が何者であるか）が崩れて、人びとは不安定で不安になる。

この3つは相互に関係し、個々人の幸せではなく、社会全体の幸せを減少させていくでしょう。

経済発展に基づく物・便利さ優先の現代文明の進展がどのような環境問題を引き起こしているか、のつながりを重視して考えねばなりません。

例えば、次の問題を考えてみよう。私たち先進国に住む人たちのライフスタイルによって、毎日50種類もの動植物が地球上から消滅しているといいます。そこで、問題です。

「携帯電話がマウンテンゴリラを絶滅に追いやっている」とはどういうことでしょう？「えっ、何？」の思いを持って考えたり、調べたりしているうちに、「あっ、こういうことなんだ！」と分かったときの喜びは大きい。この問題を簡単に説明すると、携帯電話に使われている希少金属のタンタル金属は、マウンテンゴリラが生息しているルワンダやコンゴのアフリカの山中から採掘されるので、ゴリラ君たちは生息地を追い出されて、絶滅への道を進んでいるのです。「そうだったのか！」

携帯電話は、現在平均1年半で買い換えられているので、せめて3年、4年とできるだけ長く使うことでゴリラ君たちの生息をサポートすることができるのです。携帯電話は実に便利なツールですが、現代文明の進展の陰には、命・環境・自然の犠牲という大きな課題がセットになっているのです。モノ優先の都会文明と命や自然優先の田舎文化が両立する、本来の日本文明の特色である「楕円社会」を創っていく努力が今の私たち皆に課せられていることを念頭に日々の生活を過ごしたいものです。

＊本当に怖いのは何か？

これからの日本は物の豊かさにおいては、まわりの国々に追い越されるかもしれない。この10年で、中国は国内総生産が4倍になり、韓国はあと十数年で日本の一人当たりGDPを追い抜くとも言われています。

今の社会を席巻しているものは、自他を峻別し、他人と競争する社会経済です。競争の厳しさに打ち勝って経済成長を実現したいという生き方も否定はできない。しかし、私にはそういう生き方はできない。「そこに、人の幸せがあるのか」という疑念があります。

日本において怖いのは、隣国に経済的に負けることではないでしょう。経済成長と反比例するように人の心は荒び、自然環境は破壊されていくことよりも、思いやりのある人の心と自然とうまく共生していく精神が萎えていくことこそ本当に怖いものだと言えよう。

私は過去2回財布を紛失したが、2回とも全く被害もなくそのままわが手に戻って来た。警察に届けていただいた人は、御礼など何もいりませんから、と名前も連絡先も届けないで財布だけを預けてくださったのです。もう涙がでるほど嬉しかった。そんな小さな思いやりこそ、GDPの競争よりも大切なことであろう。

「清貧の思想」というのがあります。これは、「貧しさ」を「清らかさ」に変える精神のことと定義したい。この世の「濁り」を、少しずつでも清らかなほうに変える浄化力を培っていきたいと願う。

〈問(3)〉「人類最古の物語はどのようなものだったのだろうか？」

今から約5000年前、畑作牧畜民の都市文明は、メソポタミアの低地一体を中心に、自然征服型文明として誕生したという（安田喜憲、2016）。それ以来、あくことのない巨大な支配者の欲望が、人類を果てしない自然破壊へと駆り立てることになったのです。

つまり、人類最古の物語は森林破壊の物語であった、と言えよう。その世界観は、神のもとに人間を、そして人間のもとに自然を置くという「自然征服型の人間中心主義」に立脚しています。

その文明は人類に輝かしい物質的発展をもたらしました。しかし同時に、他の生物を差し置いて、人間だけが自然を搾取するという地球支配の文明へと疾走してきたのです。

＊もともと福沢諭吉は「精神文明」論者だった

福沢諭吉が、Civilizationを「文明」と訳したとき、もっとも重視したのは「内なる精神」（文明の品格）だったのです。

「文明論とは、人の精神発達の議論なり」

「有智有徳の人、これを名づけて文明の人というべし」

すなわち、文明人とは徳と智（知恵）のある人を言うのです。しかし現状はどうでしょうか。物質文明一辺倒になってはいないでしょうか。福沢も『文明論之概略』で強調しています。

「一国民のあり様はその国民一般の智徳を見て知るべし」

〈問(4)〉「農業が社会のしくみづくりになぜ大切か？」

＊お金に換算できないところに農業の価値がある

農業には、水源涵養、工事防止、景観形成などの多面的機能があります。農業は、地域のさまざまな共同の取り組みに参加し、共同の力が個々の農家を支えているのです。

＊農耕定住型の安定継続社会が育んだ国民性

稲作は、池などの水を次々とバトンタッチして行う共同作業です。なぜ日本人に昔から「全体善を考える」という発想があったのか。それは、日本人が「村のために」という気持ちで、農耕定住型の安定維持社会の中で生きてきたことが大きい。

＊いのちと向き合う面白さと難しさ

みずから育ちゆく生命体を育てることは、思いのままにならない存在を相手にすることだ。しかも、同じ作物でも、まったく同一の個体はありえない。それぞれに個性的だ。

そんな植物や動物を相手にする農業には、鋭い観察力が要求されるし、迅速な行動力も必要だ。また、農業は作物や動物の育つ環境に働きかける営みです。農業生産では、水分や温度・湿度の調節は行うが、そこから先は作物の生命力に頼るしかない。農薬の問題も真剣に考えねばならない。アルゼンチンでは、農薬を使わない農業には、10年間無税になるそうです。

このように、「向き合う力」が新たな可能性を創っていく。自然全体と、人と、そして何より自分自身と向き合い、丁寧に「対話」していくことが「生きる」ということでありたい。

〈問(5)〉
『「地球を救う」のではなく「自分たちを救う」』とはどういうことか？

「地球」を救うとよく言われるが、実は「自分たち」を救うことにほかならない。地球は淡々と自転と公転を続けるだろう、人類無き後も。現実を受け入れた上で、別の方法を考えてみた方がいい。このシステムが地球を強奪し、強奪を続ける論理がシステムに内在している以上、どうしてもシステムを変えなければならない。

＊人間活動が地球へ与える負荷

ＷＷＦの報告「生きている地球レポート２０１４年版」によると、人類は現在の地球の持つ生産力の１・５倍を消費しています。このまま急増する人類が経済発展だけを追求していくならば、人類の生活を支える地球環境そのものが危うくなってしまいます。

果たして人類は２０５０年には97億人に達するような人口を養いながら、持続可能な開発を進めて、地球温暖化を抑えることができるのでしょうか？

日本でも、温暖化が進むにつれて、２度の上昇でも、熱中症による死亡者は2倍以上になると予測されています。

＊今の生活でできることを洗い出してみよう！

温暖化対策といえば、まずマイバッグやマイ箸を持参したり、電気をこまめに消したり、といったことを思いつくかもしれません。これらは大切な一歩ではありますが、いずれは温室効果ガスをゼロにしなければならないので、もっと桁の違う削減の努力が必要なのです。ＬＥＤ照明や家の断熱化などの省エネ設備を取り入れるなど、いったん生活の中に導入すれば省エネが自動的に持続するような、いわば生活の体質を変える温暖化対策を考えていきましょう。

＊世界に目を向ける地方

東京に対するコンプレックスを持たず、世界に目を向けている地方こそ、未来の日本の主役に躍り出るだろう、と予測されています。

岡山県真庭市の山間部にある「銘建工業」という建築材メーカーは、「世界的に見てもここは林業の好適地だ。だから林業をきちんと再生しないといけない」ということで、斜陽産業の林業を最先端産業に生まれ変わらせました。画期的な強度を持つ集成材を開発して、木造高層建築という新たな分野にも打って出ています。２０２０年の東京五輪のメインスタジアムになる新国立競技場の屋根は木製ですが、その木材を製材して組み立てているのも銘建工業です。

(4) SDGsの基本を見据えて

〈基本課題〉「SDGsを進めるにあたっての基本課題は何か?」

〈問(1)〉「SDGsとは?」

持続可能な開発目標(SDGs)とは、2001年に策定されたミレニアム開発目標(MDGs)の後継として、2015年9月の国連サミットで採択された「持続可能な開発のための2030アジェンダ」にて記載された2016年から2030年までの国際目標です。持続可能な世界を実現するための17のゴール・169のターゲットから構成され、地球上の誰一人として取り残さない(leave no one behind)ことを誓っています。

⑷ ＳＤＧｓの基本を見据えて

ＳＤＧｓは発展途上国のみならず、先進国自身が取り組むユニバーサル（普遍的）なものです。

基本姿勢としては、次の３項目を挙げることができます。

⑴ まずは、世界で起こっている状況をしっかり認識することです。「ドッグ・イヤー」（イヌの1年は人間の7年に相当する）とも言われるように、変化のスピードの速い時代には、現状認識にかなりの努力が必要です。その上で、課題認識と未来ビジョンを持つように努めよう！

⑵ 最初に「ＳＤＧｓありき」ではなく、「なぜＳＤＧｓか？」、「望ましい社会とはどのようなものか？」を検討しよう。

⑶ 「私の問題」と「私たちの問題」を峻別し、世界・日本・岡山、そして自分というつながりの中で考えるようにしよう！

17領域を個別に扱うだけでなく、できるだけ互いに関連づけ、17領域を「串」で通す「串刺し」の論理がなければならない。たとえば、米作りを中心に「農」を守り、シニアがキッズ・若者と協働する社会づくりを進めるにはどうするかを検討する、というようにです。

〈問(2)〉「日本人の主食は何か?」

具体的な問題として、食を考えてみよう。今や日本は「米」が主食ではない。2011年以来、一般家庭の食料品の支出額はパンが米を上回っているのです。

内閣府によると、米消費量は半世紀で半減しました。1962年度一人当たり118・3kgだったのが、2016年度には54・4kgになっています。それに反比例するように、肉類は7・6kgから31・6kgと4・2倍に、油脂類は5・3kgから14・2kgと2・7倍に増えています。

また、都道府県別米消費量(2012年~2016年の平均値)は、全国平均一世代当たり73・05kgですが、岡山県は何位でしょうか。実に、最下位東京、そして茨城についで、下から第3位(61・17kg)なのです。ご飯の消費量の平成29年のランキングでは最下位です。一方、パン消費量ランキングでは、京都府、兵庫県についで上位第3位なのです。

歴史的にも、「百間川遺跡」に見られるように大規模な稲作で栄えていた、農業に最も適した岡山県において、このような状況にあることは憂うべきことではないでしょうか。

小麦は大半が輸入であり、米は自給できるものです。できるだけ、地産地消の米を食べるようにしましょう！

〈問(3)〉「『食品ロス』の問題とは何か？」

２０１９年10月に「食品ロス削減推進法」が施行され、食品ロスの削減を総合的に推進する体制が整っています。「食品ロス」とは、本来は食べられる状態であるにもかかわらず食品が廃棄されること、「食品のムダ（Food waste)」のことをいい、廃棄される食品そのもの、あるいは廃棄食品総量を意味することもあります。

平成27（２０１５）年の日本における食品廃棄物の年間発生量は２８４２万トン（農水省）だが、そのうち、本来はまだ食べられるのにもかかわらず売れ残ったからという理由、形状や規格外品など見た目の問題、食べ残しなどによって廃棄されたいわゆる「食品ロス」は、６４６万トンに上るのです。

しかし、一方で世界の発展途上国を中心に、栄養不足人口は約8億人であり、栄養不良で5歳を迎える前までに命を落とす子どもは、年間５００万人います。

＊「すべて無料」のスーパーとは？

日本では2017年9月にオープンした「無料スーパー」が話題となっていますが、そのアイディアの元となったのがオーストラリアのシドニー南部にある「オズハーベストマーケット」という無料スーパーです。運営するのは、2004年以来、オーストラリア各地で支援が必要な人に計6500万食を提供してきた市民団体「オズハーベスト」。小売業者などから譲り受けた食品を売るウーパーはデンマークでもあるが、「無料」は「世界初」という。

スーパーの客には代わりに寄付をお願いしており、開店から5週間で2万豪ドル（約170万円）が集まっています。集められた寄付は団体の食事提供事業の費用にあてられるそうです。

多摩市のNPO法人「シェア・マインド」の『無料スーパー』は、全ての品物が0円（会場内に、募金箱を設置しています）。フードバンク活動や食品ロス問題をもっと知ってもらおうと、多摩市のNPO法人「シェア・マインド」が、家庭や企業から寄付された食品を陳列し、必要な人に無償で提供する試みを始めた。当面は月1回の開催だが、いずれは常設店舗を開設したいという。シェア・マインドの活動は、参加型の地域活動です。

〈問(4)〉
「なぜ50年後を問題にするのか?」

＊「持続可能な開発」の意義はどこにあるか?

「持続可能な開発」は、'Sustainable Development' の訳語なのですが、「永続可能な進展」くらいにすべきであろう。開発の時代はある意味終わっているし、２０３０年までというような期間限定の持続性では不十分だからです。

２０１５年国連総会で、「２０３０アジェンダ」として採択されたのがＳＤＧｓですが、「持続可能な開発」とは、「未来の世代のニーズを満たすための能力を損なうことなく、現在の世代のニーズを満たす開発」とされています。つまり、世界の人々が貧困を克服して文化的な生活をできるように、開発は進めていくけれども、その開発は地球の生産力の範囲に収めて持続可能なものにしていこう、ということ。その理念は、環境と開発をお互いに共存できるものとしてとらえています。しかし、本当にそれでいいのでしょうか?

考え方によっては、50年後あるいは１００年後には、今の人類は滅亡するのではないかと言われています。もしそうならば、今なされている多くの議論では極めて不十分であり、もっと危機感をもって考え、議論していかねばならないでしょう。

〈問(5)〉「ＳＤＧｓを進める上での基本問題は何か？」

(1) ある意味では最も重要なのは、私たち一人ひとりの姿勢、考え方・生き方です。ややもすると、自分をどこかに置いて、他者・団体・社会の問題にすり替えて議論することになりやすい。まずは、「あなたはどうですか？」と互いに自問自答することから始めよう。

(2) 『今』の延長線上に、人類の未来はあるか？」

＊さらにいっそう「持続可能な開発」を進めるのか？

「持続可能な」ではなく、むしろ「永続可能な」ではないか？

「保護・保全」の対立概念としての「開発」ではなく、「保護・保全・成熟」をベースとした「進展」ではないか？

(3) ＳＤＧｓが描く理想社会とは何か？　どのような未来を創っていくべきだと考えるか？

⑷ ＳＤＧｓの基本を見据えて

＊理想社会を描く上での基本課題は何だろうか？

どんなに大きな問題にぶち当たっても、何歳になっても、自分としてのあり方に情熱を持ち続ける、いわば「情熱持続可能性」を追い続けることこそ、ＳＤＧｓへの基本姿勢と言えよう。

①未来社会をどのように展望すべきだろうか？　科学・技術・経済優先の物質文明の拡大成長路線をひた走るのでなく、人間としての本来の存在意義を明確にした「定常・成熟社会」を目指すべきではないか？

②物心、自然・人間などの二元論による分断を克服し、一元論的転回を目指すべきではないか？

③古来から日本人が大切にしてきた、一元論に基づき、神道をベースにした「和魂」の精神的バックボーンをコアにした社会像を、日本から発信すべきではないか？

④美、芸術、歌や踊り、エンターテイメントなどの物質的ではないがより良い未来社会に不可欠である要素も含めて、一元的・統合的に検討するべきではないか？

〈問(6)〉「持続的文明の実現のために何が必要か?」

当然のことながら、文明発展の暴走を止め、持続的文明を実現するには〝無限を有限化する〟他にはない。欲望有限化への軟着陸には人類全体の精神的改革とこれにともなう社会改革に相当な期間と努力が必要となります。

*「フィード・フォワード」方式

50年前に、今ある社会を誰が予測できたでしょうか。ほぼ皆無でしょう。ならば、50年後を過去や今の実情から考えることにどれほどの意味があるでしょうか。

「過去や現状から考え始めるのではなく、未来から考える。」「フィードバック」では、過去の体験とそのときの情動の記憶が再現されて、過去の出来事のリアリティを高めてしまう。結果として未来へ向かう力が損なわれます。過去と現在において「何がうまくいったか」を問うだけでなく、将来、「どうすればうまくいくか」について考えるようにする、つまり「フィード・フォワード」方式を用いるのだ。

*今日の課題は、不況からの脱出などにあるのではなく、世界史の転換期と向き合うこと

内山節(2013)も指摘するように、今日の世界では、旧来の考え方も方法も成り立

ちえなくなっているのです。だから私たちは近現代の終焉を語らざるをえなくなった。

いま農村では、さまざまな共同作業場や共同直売所が設けられています。地域のコミュニティづくりを目的としたカフェやレストラン、仲間たちの手づくり商品を売るコミュニティ・ビジネスは都市、農村をとわず増えてきています。社会に貢献できるビジネスの確立を目指すソーシャル・ビジネスもさまざまなかたちで生まれてきています。

それは、確かな関係の創造であり、関係の網としての地域、コミュニティ共同体の形成です。結び合う仲間の世界の確立といってもいいし、それぞれが自分の生きる自律した関係の世界をつくる試みだといってもよい。地域発の世界（ローバル社会）実現への道を進むことです。

今「ふるさと」は、「遠きにありて想うもの」でしかないのでしょうか。唱歌「ふるさと」の歌詞に端的に表れています。「如何にいます父母、恙なしや友がき……思いいずる故郷」なのです。

⑸「和魂ルネサンス」の概要

〈基本課題〉「和魂ルネサンスの中身は何か？」

〈問⑴〉「古来から日本が目指してきた『楕円社会』とはどのような社会だろうか？」

＊「二核一元論」に基づく「楕円社会」

楕円は、二つの核（焦点）をもちながら、一つの楕円として統合されたもの。単に2つの円が重なりあったものではなく、2つの焦点を残したまま融合化されたもの。例えば、2つの核、経済と環境は、どちらも対等に存立し、共に化合しながら発展するもの。都会も田舎的に変わり、田舎も都会的に変わらなければならない。
古来から日本社会は、その基本的特徴として「楕円社会」であったと言えます。「都市文明」的な面と、「田舎文化」的な面がうまく交流・連携し融合しながら発展してきたのです。その2つの核を対比して示すと、次のようにまとめることができます。

⑸「和魂ルネサンス」の概要

	都市文明	田舎文化
1	経済（効率優先）・市場原理主義・一極集中	環境（生態優先）・共存共栄的価値観・多極化
2	物・量の文明（西洋文明中心）	心・命・質の文化（東洋文明中心）
3	科学・技術（科学主義）	自然・宗教（神秘主義）
4	グローバル（世界は一つ）↓「グローカル」	ローカル（世界は多元的）↓「ローバル」（ローカルからグローバルへ）
5	成長・発展	充実・成熟
6	外来文化（先進性）（弥生文化）	伝統文化（保守性）（縄文文化）
7	工業・商業	農林業・水産業
8	自然・人間分離（自然征服）	自然・人間共生・融和

9	自己・人間中心主義的「人間力」	他者連携・自然中心的「自然人間力」
10	開発・征服	保全・保護・温存（サステイナビリティ）・共生
11	風景（均質性）	風土（多様性）
12	意識・見えるもの・一神教思想	無意識・見えないもの・多神教思想
13	自助自立・自由競争	互助連立
14	「大・多・強・早・純・新」価値観	「小・少・弱・遅・雑・古」価値観

＊「成熟社会」の基本戦略―経済成長（エコノミー）と環境（エコロジー）の連携・調和

成熟社会 ＝ 成長社会（競争社会）＋ 共生社会 ＝ 楕円社会

現代は、科学技術や経済の成長が極度に進展し、言わば「都市文明」的側面の進展と「田舎文化」的側面の衰微のアンバランスを調整して、望ましい「楕円社会」としての「成熟社会」を創っていかなければなりません。

20世紀は、エコノミーの力をフルに発揮し、先進国は経済成長を達成し、高度大衆消費社会という物質文明を築いてきました。それが意味したことは、大量の化石資源の使用、地球規模での公害、酸性雨、森林伐採、生物種多様性の喪失、地球温暖化による異常気象などの深刻な問題の発生です。一方、エコロジー（生態）は、「ガイヤ」として地球に生命が誕生して以来、これまで長期的に生命圏を持続させてきました。ガイヤには、もともと人間社会の基本的人権を守る上では容認できない弱肉強食という厳しい生存競争が支配しています。しかし、哺乳動物の中で地球上の最強の人間が支配する時代になってからは、産業革命を通じてエコノミーを急速的に発展させ貧困を削減してきました。

したがって、21世紀は、人類が、エコノミーとエコロジーを融和させ、人間の基本的人権を守るとともに、人間すべての生きとし生けるものの「共存共栄」をはかる時代にしたいものです。これは、「山川草木悉皆成仏」という日本仏教の思想に由来します。

〈問(2)〉「今なぜ『和魂ルネサンス』か?」

＊「和魂」の基本

「楕円社会」の根幹をなすのが「和魂」です。和魂は、「和の心」であり、対立するような二つの概念を融合して楕円にしていく、日本人の高度な思想・社会体系です。単に、日本人としてのアイデンティティを持って世界と対峙していくという「二段階的」な考え方ではありません。「二つが一つになっている世界」こそ和魂の神髄です。つまり、「和魂」＝楕円社会思想・社会体系＝世界観という一つの統合体です。

日本の古典で「大和魂」という言葉を確実に、しかも早く使っている代表的な作品は、紫式部の『源氏物語』です。

「才《ざえ》と本《もと》としてこそ、大和魂の世に用ひらるる方《かた》も強ふ侍《はべ》らめ」（乙女の巻）

ここで紫式部が「大和魂」と述べているのは、戦前・戦中の日本精神の代名詞として使われた「大和魂」ではない。日本人としての教養や判断力を指しての「大和魂」でした。「才」とは「漢才《からざえ》」で、漢詩や漢文学を意味しての「漢才」でした。

「漢才」をベースにしてこそ、「大和魂」の世の中に作用してゆく姿は、ますます強くなるという。「大和魂」は、『源氏物語』以降の『今昔物語集』や『大鏡』にも出てきています。

＊「和」の心

〈和〉の精神の根底にあるのは、人間は誰もが基本的には同じように創られているという考え方でしょう。そして、その底には社会的地位の上下や暮らし向きの貧富には関わらない根本的な人権思想があるとみるべきではないか。

「君子は和して同ぜず。小人は同じて和せず」（論語）

君子と言われるほどの成熟した人は、自分自身の原理的なものを持っているから、軽々と付和雷同することはないが、他の人とうまく折り合いをつけ、調和してやっていくことができるのです。

現実の日本社会には、「和魂」がどこかに抜けてしまった「無魂洋才」の知識人が溢れています。「魂」がきちんとできていないままで知識や技能をいくら身につけたとしても、それを世の中のためにも、自分自身のためにも、本当の意味で使いこなすことはできないでしょう。

＊「もったいない」「おかげさま」

多くの人や、はかり知ることのできない自然のめぐみを受け、それらの恩恵に感謝するのが「おかげさま」です。またアジアでは人間が人間らしく生きることを、「人道」とよんできた。

人の人たる道つまり人道は、天地への感謝、親や先生あるいは頼りになる友人や知人への「おかげ」のなかで築かれてきたのです。

神への感謝のために「おかげまいり」をするが、伊勢神宮では遷宮のあった翌年は「御蔭年」といって、より多くの神徳を得ることができるといわれたりした。江戸時代に入り、「御蔭年」に限らず、大々的に〝おかげまいり〟が流行したという。

〈問(3)〉「『和魂ルネサンス』をどのように進めるべきか？」

＊「脚下照顧」——まずは足下を見よ

まずは自分の足下を見てみよう。私たちは、日本人としてどのような歴史の流れにつながって生きているのかが感じられる日々を過ごしたい。日本人が大切にしてきた「清々しい雰囲気」を、できるだけしばしば味わうよう努めたい。虫の鳴き声に秋の清々しさを感じるように、自然ときちんとつながっていてこそ、本当の意味での生きるエネルギーが不断に沸いてくることになるのです。

＊正しさよりも美しさを求める日本様式

——日本人の美は理念的完成を求めない

日本には、「外来の文物をアレンジして独特なものにした」と称される文化がたくさんあります。そのなかでも最たるものは、呉善花（２００２）も指摘しているように、日本独特の不整形な歪みを持った茶器を好む文化だと思う。日本の技芸の多くには、生け花にしても、ただ頑なに伝統を守っているだけではなく、伝統を保持しながら、特に異質なもの、新しいものを導入しつつ、自らを変化させていこうとする動きが活発に見られます。

＊主客融合の世界

西欧人は自己と他者の分離がはっきりしていますが、根本にあるのは、人間と自然の分離意識であり、それに基づく主体と客体を分離して物事を見ようとする思想です。世界も自然の私（人間）から分離し、客観化されて、西欧文明も分析的な科学も大いに発達してきたのです。

それに対して、日本では、主体と客体は分離しないで融合している世界観に立っています。主客が融合しているので、ことさら「私」という主語を立てて考え表現するような心は弱いのです。

＊人間と自然が共存する世界

『古事記』には、かつて自然の木や動物や風が、人間と同じように話をした時代があったと書かれています。また、日本には木に手をあてたり耳をあてたりするだけで、その木の健康状態を診断できる木のお医者さん（樹医）がいます。「木が土から吸い上げる水の流れが聞こえる」「さまざまな振動が感じられ、その振動のあり方で異常なところがあるかないかがわかる」と言います。これほどまでに、人間と自然は融合し共存しているのです。

私の亡き母親は、自分が「する」のではなく、「させていただく」のだ、と言うのが口癖でした。「お客様は神様」ですし、神様のお陰で生活を成り立たせていただいているという考え方からくるものです。

〈問(4)〉「日本からどのような『世界ビジョン』を発するべきか？」

＊近代世界の行き詰まりに、日本にある「もうひとつの世界」の可能性を生かす

「もうひとつの世界」とは、全体と個、主と客が分離できない領域にずっとこだわり続け、その調和を理想として独自の近代世界を切り開いてきた今日にいたるまでの、延々たる歴史を持つ日本です。

＊経済の立て直しも並行して

古来からの日本文化の発信が期待される反面、経済の長期停滞は深刻なものがあり、立て直しが急務です。

ヨーロッパのエコノミストたちがイスラム化以上に恐れているのは、日本化なのだそうだ。本来は「日本化」を意味する「ジャパニフィケーション（Japanification）」が、経済においては、「衰退」を意味する言葉になっているという。

エコノミストたちは、30年近く続いている日本のデフレと低成長のような事態がヨーロッパに起こるのではないかと危惧しています。このような状況は早く改善する必要があります。

＊「心の文化」―最大の輸出カルチャー

目に見える物への感謝にとどまらず、目に見えないモノを大切にする心は実に美しい。

「気配り・目配り・心配り」がつながり・絆を生み、夢や希望を産み出してゆくのです。

＊つなぎ・つながれ・つながろう！

「成長社会」から「成熟社会」へ移行しつつある今、成長路線を少し緩めて、成熟路線を充実させてバランスを取ることの重要性は主張してし過ぎることはありません。「世間・コミュニティ」の崩壊に向かっているように見える現代。「世間の中に生きた絆をもっていた個性」がだんだんと失われ、「個々ばらばらの孤立した性（「孤性」）になってきていることから、「新しい世間」を築くことが求められています。

従来からの「集団志向」と新たな「個性重視」という価値観がぶつかり合って、いろいろな病理的現象も現れています。聖徳太子以来、大和の国では、「和をもって尊し」とする文化で、同じものはよしとするが、違うものは排除する一般的傾向が集団志向につながっています。伝統的な一般的日本人の自己抑制型と西欧型の自己主張型が混在し、「個性重視」が一面的に捉えられて、勝手気ままな生き方に右往左往しているように見えます。

20世紀は科学・技術・経済などが飛躍的に進歩した時代でした。しかし21世紀の今、「20世紀型競争・拡大型」から「21世紀型持続・調和型」への重点移行が目指される時となっています。20世紀は、グローバル化の進行によって標準マニュアル化や、行動力とか効率性が重視されてきました。今後は、20世紀型を少し弱め、新しい21世紀型として、チャレンジ精神や協調性をより重視した人材の育成が課題となっています。やはり「連（つながり）」がキーワードです。

私たち一人ひとりが、人と自然・人と人を「つなぐ・つながる」大切さに目覚め、「つながろう」と立ち上がる各種の「ボランティア活動」を通して、心の中に平和の砦を共に築こう！

〈Stories for Discussion（2）〉

「あなたは自分の運命に対して、どういう態度をとっていますか？」

次の文章を参考にして考え、話し合ってみよう。

精神科医・心理学者ビクトール・フランクルは、収容所生活で生きる希望を失い、「もう人生には何も期待できない」と自殺を決意しかけた2人の囚人に、それぞれ、次のように問いかけたといいます。

「確かにあなたは、人生にもう何も期待できないと思っているかもしれません。人生の最後の日がいつ訪れるかもしれないのですから、無理もない話です。けれどもその一方で、人生のほうはまだ、あなたに対する期待を決して捨ててはいません。あなたを必要とする何か、あなたを必要としている誰かが必ずいるはずです。そして、その何かや誰かはあなたに発見されるのを待っているのです」

この言葉を聞いて、2人の囚人は自殺をとりやめたといいます。

3. SNS^2 LIFEを生きる

「永続性のある社会を生きるには？」

(1)「人生100年時代（ライフ・シフトの時代）」を生きる

〈基本課題〉「人生100年時代を生きる理念と方法は何か？」

〈問(1)〉
「『生命文明』に向けて何が必要か？」

＊人間中心の西洋合理主義文明の限界

現代という世界は、平和と言えるでしょうか。世界平和とは、「すべての生命が安心して生活できる社会」を意味していると言えよう。そういう意味では、とても平和な世界だとは言えない。

人間中心になりすぎて、自然から見放されつつある世界。人間社会に限っても、ただひたすら消費を拡大する物質文明の副作用といえる地球環境問題、社会システムの矛盾、現代社会の病理、そして将来世代への負の遺産は積もり積もって身動きが取れないほどです。西洋科学技術以外にも有効な方法があるにもかかわらず、西洋科学以外は認めようとしない頑なな西洋合理主義がいまだ世界の主流であることは、人類の悲劇です。

科学技術の進展とセットで、人の温かみやつながりが薄れ、スマホ過信の「無言社会」へ傾斜している実情認識から始めたい。

＊縄文時代1万年の永続性

日本の過去の社会を振り返ってみよう。1万年前まで森のなかで狩猟採集を基本としてストレス・フリーの生活をしていた人たちは、いかに見事に環境と調和した生き方をしていたかが明らかにされました。

「日本では縄文時代以降1万年以上にわたって受け継がれていった永続性の高い森の文化があり、ゆたかな森を核とする自然―人間循環系の地域システムが確立していた」(安田喜憲)

＊モダニズム文明から生命文明へ

もはや、300年続いたモダニズム文明の延長線上の進歩・発展ではなく、次なる文明、生命中心の文明への転換が急がれます。そのためには、ほとんど欧米人によって未開人、野蛮人として絶滅させられたとはいえ、現在も世界に残る70万～80万人といわれる狩猟採集民族の叡智に学ぶことではないでしょうか。彼らは、現代文明人が失った〝本来〟の人間性を保っているのです。

〈問⑵〉「100年ライフで何が変わるか?」

現在、日本が最先端の長寿化先進国では、概ね10年で2、3年のペースで平均寿命が延びており、2007年に生まれた子どもの50%は、少なくとも104歳まで生きる見通しとなっています。今や「人生100年時代」に突入しつつあります。

「人生100年時代」、それは、単に高齢者の生き方の問題だけではなく、老若男女すべての人にとっての課題です。生き方の基本を問い直し、新たな価値創出としてのイノベーション（維新）が求められています。

「人生100年時代のライフデザイン」を各自で確立すべく、ほど良い成長と心豊かな成熟が共存する、「温故知新と新たな価値の創生」という「ルネサンス」期を迎えようとしています。

「人生100年時代」は、これまでの「人生80年時代」と比べて何が変わるでしょうか。それは、単に平均寿命が20年延びるということではなく、質的に生き方そのものが大きく変わろうとしている、つまり「ライフシフト」が起きようとしているのです。

たとえば、「人生はマルチステージ化する」のです。これまでの3ステージ（学習・就職・退職）の人生に代わって登場するのがマルチステージの人生だ。たとえば、生涯に2つ、または3つのキャリアを持つようになります。まず、金銭面を最も重視して長時間労働をおこない、次は、家庭とのバランスを優先させたり、社会への貢献を軸に生活を組み立てたりする。寿命が延びることの恩恵の一つは、二者択一をしいられなくなることなのだ（リンダ・グラットンら、2016）。

＊あなたの100年ライフを創る

80年時代から100年時代へと20年も延びるということは、生後から成人までをもう一度生きるようなものです。いわば、「運命」のシナリオを書き換えることです。今まで、人を傷つけ、悩みを繰り返した「負の連鎖」を断ち切り、新たな幸せへの道を歩み、望ましい連鎖を創る努力が望まれます。

「20歳のときのあなたが今のあなたを見たら、どう言うと思いますか？」

70歳、80歳、100歳になった自分が今の自分をどう見るかを考えてほしい。今あなたがくだそうとしている決断は、未来の自分の厳しい評価に耐えられるだろうか？

人生が長くなり、多くの移行を経験する時代には、人生全体を貫く要素がなにかを意識的に問わなくてはならない。さまざまな変化を重ねつつも、自分の本質であり続ける要素とは、なんなのか？

私たちは、自分がどのような人間か、自分の人生をどのように組み立てたいか、自分のアイデンティティと価値観を人生にどのように反映させるかを一人ひとり考えなくてはならない。

世阿弥の言葉に、「時分の花」があります。これは、それぞれの年代にそれぞれの良さがあるということです。キッズにはキッズの良さが、シニアにはシニアの良さがあり、それぞれの「良さ」を具現するように努めよう！

＊スーパー・ボランティア尾畠春夫の生き方に学ぼう！

幸せな１００年人生を生きるには、次の3要素が大切となるでしょう。

①打ち込める対象を持つ

②最低限の生活資金を確保

③地域と関わり続ける

山口県周防大島町で行方不明となった藤本理稀ちゃん（2歳）を捜索開始から30分で発

見して、「時の人」となった尾畠春夫さん（78歳）。スーパーボランティアと呼ばれるようになった尾畠さんは休む間もなく西日本豪雨の被災地である広島県呉市の天応地区でボランティア活動をしている。実際、接すると実にチャーミングなおじいさんであった。「来る者は拒まず、去る者は追わず」が信条だという。

尾畠さんが言う。「善意を断るわけにもいかないでしょう。金銭は一切受け取りませんが、差し入れであればありがたくいただきます。ただ、どうお返ししていいのか。これが悩みです」

「年齢を重ねるにつれ、人生への満足度は高くなる傾向がある」（権藤恭之大阪大教授）。身体機能は低下するが、身の回りの小さな作業をこなすなど、ほんの少しでも、できることがあれば、若い時期より多くの幸せを見出せるという。一般のビジネスパーソンも、趣味や社会貢献など打ち込める対象を持ち続けることが大事になるのです。

鹿児島県徳之島の95歳の妻と2人暮らしの、１００歳、納實良さんは、農作業を通じて外で働く高齢者たちや地域と関わり合う。

「島は孤独からいちばん遠い場所」（大久保明町長）

長寿者を起点とする幸せの循環。それを作ることができれば、１００歳時代の先頭を走る日本の未来は明るい。

〈問(3)〉「ライフ・シフト・ラボ岡山（ＬＳＬＯ）」の構想は？

「科学技術・物質文明」（成長パラダイム）と「自然・生命中心文明」（成熟パラダイム）との新たな楕円型パラダイム創生を目指して創設したのが、「ライフ・シフト・ラボ岡山（ＬＳＬＯ）」（人生１００年時代のライフデザインの会）です。大自然の摂理に学び、産業資本主義と自然資本主義の融合的楕円化に基づいて、「自然と人間」の共生・融和（ナチュラル・ハーモニー）を重んじ、自然に生かされて生きる「自然人間力」を培う「ナチュラル・ライフスタイル」の構築、経済論理中心の行き過ぎた「資本主義」から、自然の恵みをいただく「農本主義」への転換に努力します。

今までの自分の生き方と時代的潮流を総括するとともに、楕円型パラダイム創生を目指して学び直し、働き方を考え、「学びを生きる」、すべての人が「人生１００年時代」を見通した、**自分自身の人生変革**（ライフシフト）による新たな「ライフデザイン」の確立を目指します。

(2)「SNS² LIFE」とは?
「Slow・Natural・Simple / Sharing LIFE」

〈基本課題〉「ゆっくり、自然に生かされて、簡素に、共生して生きる道を具体化するには?」

〈私の「SNS² LIFE の一日」の始め方〉

私の一日は、「目覚めさせていただいて、有り難う!」という感謝の言葉から始まります。ずっと眠り続けていたら、「永眠」という別世界に旅立つことになるのに、有り難いことに「目を覚まさせていただいている」のです。このことは、実に不思議なことです。自分の意志で主体的に私が目を覚ましたのではありません。このことはすべての人に共通していますが、何か「サムシング・グレート(大いなる存在)」によって、私は目を覚ますことができたのです。こんなに有り難く、嬉しいことが他にあるでしょうか。

それから起き上がってトイレを済ませた後、仏壇の前に約10分間座って、先祖の皆様と対話し、「般若心経」を唱えてから、約一時間のウォーキングに出ます。

今から十数年前、ある科学者が、「小鳥君たちは、朝同じような時間にさえずりを始めるようだけど、何時から何の理由でさえずり始めるのだろう？」と思って実験をしました。いろいろ試してみて分かったこと、それは「小鳥は日の出の42分前に木君たちが光合成を始めて酸素を生み出すことへの感謝のさえずり」だったのです。つまり、小鳥君たちは、木君たちに、「今朝も新しい酸素を届けてくれて有り難う！」と感謝と歓喜のさえずりを始めているのです。

「そうか、小鳥君たちに見習わねば……」と約10年前からほぼ毎朝、自宅近くの小高い丘の中腹にある神社にお参りした後、すぐ脇にある樹齢１００年ぐらいの杉君（「すっくん」という名前をつけています）に、「おはよう！　今日も酸素を有り難う！　君の精をいただくね」、と言って5回深呼吸します。それから岡山大学津島キャンパスの周囲を、小鳥君たちにも挨拶しながら歩きます。春にはよく、ウグイス君が私の前で伴奏してくれます。「今日も有り難う！」。

帰宅後は入浴、軽い朝食（半断食）、新聞に目を通し（主要なところは音読）し、続いて「イメージング」（尾崎里美さんのＣＤをかけながら約20分）をします。いろいろな情景をイメージしながらの黙想ですが、こころがすっと軽くなる気持ちになります。
このような流れでほぼ毎日行って、もう10年近くになります。
私の「SNS^2 LIFE」の一日の始まりです。

S……Slow　：ゆっくりとしたペースで、ゆったりと過ごすこと
N……Natural：自然な、自然に生かされて生きること
S^2……Simple　：簡素な、単純明快さを重視した生き方
Sharing：分かち合い精神に基づいて、自然や人間と共生する生き方

⑵「SNS^2 LIFE」とは

〈問⑴〉「どのように生きるのが幸福なのか？」

＊「今ここ」を生きること

何が今までの私自身を育ててくれただろう？　高校時代は自宅全焼によって「灰」が育ててくれたし、大学時代は男声合唱団の「グリー・バカ」スピリットが、社会人時代は「向上心」が、そして退職後の今は、「自然」と「本」君が育ててくれています。そのような過去の連続の延長線上にあって、今を生きていることに集中したい。

大切なのは、「今ここ」を生きることであり、過去と未来を手放すことです。何かが実現しさえすれば本当の人生が始まると考えている限り、今は仮の人生、準備期間でしかなくなってしまいます。今こそが本番で、リハーサルの時ではない。

「困難は克服できない障害ではなく、それに立ち向かい征服する課題である」（アドラー）

アドラーは、「誰でも何でも成し遂げることができる」といっています。

「できると思うがゆえにできる」（古代ローマの詩人・ウェルギリウス）

＊便利さの追求で奪われた「人としての幸せ」を取り戻すこと

「しっかりと根をはって強風にこたえ、そよ風にはのびのびと身をまかせる、人はだれもがそのように風のなかで息づいている。あなたも、ぼくも、森のなかの一本の木だ」

美しい音楽を受け取るのは感情ではなく想像だ、という説がある。そのとおりなら、身のまわりの自然が伝えてくる、風の、鳥の、虫の、そして人のことばのない旋律に耳をかたむけたい。

つまるところ最大の豊かさは「自然」です。例えば、秋の日の夕暮れどき。散歩に出ると、道端でススキが揺れています。山の緑は心なしか色褪せて見えるが、空の青さは冴えわたってきます。赤トンボの群れが、西に傾き赤味を増した陽の光に照らされて、羽がキラキラと光るさまに、しばらく声もなく見とれてしまう。空に宝石をまき散らしたような光景だ。

＊小さな暮らしで大きな「自由」を

今のご時世は「暮らし」は豊かだが、ココロは満たされず、貧乏だが「生きていてよかった」というむかしの感覚を持てずにただ生きていないだろうか。

単に欲望を肥大させ、それを満たすためだけに、貴重な人生の大半を費やしてしまうのは情けない。豊穣な人生、かけがえのない「いのちをいつくしむ」といった、生きてあることの真の楽しみは、消費社会が「高度化」するほどどこかに素っ飛んでしまう。これではせっかく人間として生まれた甲斐がない。

「人は今すぐ幸せになれる」（アルフレッド・アドラー）

さて、あなたならどうします？

〈問(2)〉「『ほどほどに考えて生きる』とは？」

＊ほとけさまは半眼

私は今までに数回座禅断食を経験していますが、座禅のときに目を半眼にします。仏像は、ほとんど半眼です。

私たち人間はみんな欠点だらけの存在です。かっと目を開いて見られるならば、欠点ばかりが大写しになってしまう。

ほとけさまは慈悲のこころで、私たち人間の欠点を見ないように、いいところだけを見るようにしてくださっているのだと思う。

私たちも他人を見るとき、あまり目を開いてみないで、半眼で見るのが慈悲のこころではないでしょうか。「しっかり目を見開いて」よりも「ほどほどに半眼で」を良しとしよう。

＊「頭が良い」の定義が変わった

情報や知識などのハードディスクよりも、思考力や想像力が重要になっています。思考力・想像力を養うことを通して、「問いを問う力」や「つながりを見出す力」、「物事をイメージする力」、さらには「ストーリーテリング力」など、幅広い能力を養うことができる。そのような力に長けているのは、お笑い芸人、アーティスト、哲学者なのだ。

＊幸福の半分は「自分の天才性」に気づいているかどうかで決まる

人生の幸福を決める要素の50％は自分の天才性に気づき、それを発揮しているかどうかだ。残り半分は、人によって快楽かもしれないし、安らぎかもしれないし、アドレナリンかもしれないが、少なくとも50％は「天職」に就けているかどうかだと思う。

人間とは常に自分のわずかな個性を際立たせ、人と分かち合い、互いに分業することで繁栄していくことを生存戦略とした生物種だ。

よって大切なことは「自分とは何か？」という定義を深めていくこと。そして、新たに定義した自分を広く世界と分かち合っていくこと。

スペシャルな存在を目指すのではなく、ユニークな存在を目指そう。

＊宇宙につながる世界の不思議

世界の、宇宙のどの部分を切り取ってきても、そこには世界全体、宇宙全体、無限の時空がひそんでいます。大切にしたいのは、自分ではなく宇宙につながる世界の不思議です。

①自分を世界の中心に置いて、自分から見える世界を見る視点（自分本位）

②あらゆる天地自然、すべてのものに世界を見、宇宙を見る、宇宙につながる世界を見

る視点（宇宙本位）

自我を前面に押し出さず、むしろ天使自然と融和するものであるという発想は、東洋的精神に属し、あらゆる生の平等性は仏教精神にも通う。「存在するすべてのものが生かされている」、「どんな小さなものでも　みつめていると　宇宙につながっている」という共生観です。

⇓　①目に見えるリアリティを見る目（眼で見る）

②見えるものの奥にひそむ謎めいたリアリティを見る目（心の瞳で診る）

〈問(3)〉
「『日本一小さな農家』が年収1200万円とは？」

石川県能美市の日本一小さい農家が脱サラ農業で成功している例があります（西田栄喜、2016）。ビニールハウス4棟で、通常農家の10分の1以下の面積しかない。「2000円の野菜セット」が飛ぶように売れるという。50品種以上の野菜はすべて無農薬・無肥料だから「安全・安心」。労働力は1・5人だけ。旦那が畑、妻が漬物やお菓子の加工。中古で買った3万円の管理機がメインプレーヤーなのです。

「大豆を自分で育てて味噌にする。お裾分けしたくなる、そんな贅沢こそ本当の豊かさではないだろうか」

「農業は最も幸せに稼げる仕事である！」

と断言しています。

新しいキャッチフレーズも奮っています。

「三ツ星レストランでも食べられない野菜、あなたの家庭でなら食べられます」

⑶ スローライフでいこう

〈基本課題〉「『スローライフ』とはどのような生き方か？」

〈問⑴〉
「『スローライフ』をどのように生きるか？」

(1)「365日の紙飛行機」に触発されて

数年前、「365日の紙飛行機」という歌がヒットしました。

「人生は紙飛行機　願い乗せて飛んで行くよ　風の中を力の限り　ただ進むだけ
その距離を競うより　どう飛んだか　どこを飛んだのか　それが一番大切なんだ」

＊なぜスローダウンすることが大切なのか？
何事も手早いのが一番、スピードが命、というのは今の常識ですが、本当にそうだろうか？

ゆっくり段階をふんでいくことにより、わたしたちは少しずつでもスローダウンできるようになり、そして意識を「現在（いま）」に完全に集中させられるようになります。そうすると、ずっと長いあいだとらわれつづけていた心の習慣からどうすれば自由になれるのかがわかってきます。さらに、思考のプロセスそのものすらゆっくりさせることが可能だということも。

スローダウンすること自体がゴールではなく、ゴールへの手段です。スローダウンしてくると、大切なことがはっきり見えてきます。というのは、急いでいるときはつい、２つ３つのことをいっぺんにやってしまうので、心が分散されるからです。そうなると集中はできません。深く感じたり、明確に考えたりするのも無理です。

「本当にやりたいことは何だろう。何が一番大切なのだろう」と自問してみよう！

「速く働く心は病んでいる。

ゆっくり働く心は健全である。

不動の心は神聖である。」（回教のメハル・ババ）

＊「ユーモアする心」
①思考のプロセスをスローダウンして、心の働きをゆっくりさせること
②一つのことを別の視点、特に明るいプラスの視点から眺める余裕を持つこと
③いくつかの観点から見ていたものをそぎ落として「一点集中」し、そこを基点として、ゆっくり他を眺めてみること。一時に一つのことに集中すること

(2)　日常生活をスローダウンする

＊早起きをして穏やかで落ち着いたペースをつくる
起きたあと30分程度、瞑想をしたり、音楽を聴いたりして、ゆっくりとした時間を持つ。

＊何が大切なのかを問い、ものごとの優先順位を決める
一日にやろうとすることをリストアップし、やるべきことを取捨選択して、大切なことからやるようにする。

＊楽しい時間を人と共有できるように、人間関係に時間をとる
家族や友人と一緒に、ゆったりとした食事や歓談をするように努める。

＊思いが現実を生み出す
人生の問題は、すべて一人ひとりの心の中にあるのであって、自分の外にあるのではない。

「今のあなたは、あなたが今まで考えてきたことの結果である」（仏陀）

(3)「スローライフ」という生き方

＊ゆとりをもって「現在（いま）」を生きる

現代社会は、成長発展してきた陰で、物事が多様化・複雑化し、人は物事の処理に追われ、忙しさに振り回される「超多忙社会」になっています。

スローな生き方、それは、「大切なことを常に優先していく生き方」です。

＊「徳性」を高める

〝人間らしさ〟に関しては、後もどりしているのではないか。大切な人間の徳性に関して現代人は、昔の人よりも後れを取っているようだ。

＊出したものが還ってくる

自らの幸せよりも、他者の福祉に貢献しようとすると、幸せは求めなくても勝手にやってくるものです。

忙しくしていて、思考のスピードを上げれば上げるほど、自我（エゴ）は大きくなっていく。否定的な考えが働き、振り返ることも熟考することも無縁になります。それでは、思いやりや愛という低速ギアは働かない。

「自分よりも人を優先する」生き方を！

〈問⑵〉「『スローフード』を進めるには？」

＊ローカルフードで農民も幸せに

グローバル農業は、莫大な無駄によって支えられています。空輸などで長距離を運んだり、冷凍・冷蔵するためのエネルギーやプラスティックのパッケージを使ったり、そういったすべての巨大な無駄をカットすることができるなら、私たちが今までよりもずっと安い価格で買っても、農民たちはずっと大きな収入を得ることができます。

ローカルフードの利点には、信頼性もあるでしょう。短い期間で起こっている経済の仕組みは、隅ずみまで目が行きとどくけど、長い距離にわたって行われると、なにがどこで起こっているかを把握するのがむずかしくて、結果として食の安全が低下するのです。

岡山県瀬戸内市長船町福岡の「一文字うどん」は、「地元の味は地元の食材で」、「地元に根をはったうどん屋に」を掲げ、地産地消を続けています。食材もうどん製法も、そしてなにより味も、抜群で、手間暇に愛情を加えた、スローフードの典型といってよいでしょう。

2014年度には、顔の見える生産・加工業者からの食材の購入が30・2％、地元・瀬戸内市の食材だと48・1％と約半数を占めるに至っています。うどんを通して旬のおいしさを安心していただける地元食材にこだわっています。地元有志で、２０１６年より小麦の生産に取り組んでいます。

もう一つの大きな特徴は、１９９７年からは、小麦製粉主流の「ロール式製粉機」ではなく、「石臼製粉機」が導入されたことです。石臼製粉機は、小麦一粒を丸ごと挽いていくため、胚乳だけでなく胚芽・表皮もバランスよく含まれます。小麦の持つ本来の恵みが小麦粉の中にそのまま注ぎ込まれています。だから、黒色＝小麦色のうどんになるのです。それは小麦一粒の恵みが、丸ごと入っている証しです。

さらに、ロール式製粉機の回転数が1分間に５００〜２００回転に対して、石臼製粉機はたった16回転。摩擦熱もほとんど発生しません。だから、小麦の持つ香りや甘味・うま味が、うどんに体現されています。つまり、一文字うどんは、地元食材と石臼の力・技でできた、最もおいしく健康的な「地うどん」だといえるでしょう。

(4)「ナチュラル・ライフ」を生きよう

〈基本課題〉「自然に生かされて生きる生活を具体化するには?」

〈問(1)〉
「自然と調和する生き方とは?」

*日本の自然

日本の自然のように、やさしく恵み深く変化に富んだ自然は、この地上で決してありふれたものではないのです。このような日本の風土においては、「神」を宿し命にあふれた自然の中で、自然の尊い力に守られ自然の命と一体になって生きるのが人の暮らしだ—というような考え方が、はるか古代からありました。

自然と調和し人と調和する「和」を何よりも大事な徳と考え、自然とつながっている「縁」を重んじる精神は、日本のやさしく恵み深い自然風土と、稲作中心の生活においてこそ、ふさわしいものとして長い間栄えてきたのです。

＊「自然の循環の中に生きる」日本人

自然はシンプルなサイクルで回っています。春には芽が出て花が咲き、秋には散って枯れていきます。宇宙の広大な自然の流れの中の一員である人間も、自然の循環の流れの中では、人の営みや苦しみなどちっぽけなもので、超えられないものはない。

日本人は、少なくとも昔はどのように見られてきたでしょうか。

「農民の仕事はとても大変なのに彼らは自然と格闘しているようには見えません。彼らは、むしろ、成長しては滅びることを繰り返して永遠に再生し続ける自然界の一員であり、そしてまたこの循環のあらゆる過程を美しいものとして味わうことができる優れた感受性を持っている人たちなのです」（キャサリン・サンソム外交官夫人、1928年、イギリスより来日）。

日本人の最大の特徴を、自然と交わり、自然を芸術的に味わう感性にあると見定めたのです。日本人特有の習慣を目撃したキャサリンは、日本人は自然を見つめることで精神の大事な糧を得ていると考えました。そして、自然に対するこのような姿勢こそが、「落ち着いた心」という最も日本人らしい精神性の基礎になっていると見たのです。

＊価値観が変われば、すべてが変わる

〈問〉「今の日本で価値があるとされている順に5つ挙げるとすれば何ですか？」

普通は、たとえば、「宝石」「服」「食物」「水」「空気」となるのかもしれません。しかし、人間は、空気がなければ3分、水がなければ3日、食べ物がなければ3週間も生きていけません。つまり、順番は逆で、「空気」「水」「食物」「服」「宝石」でしょう。価値観が順位を決めるのです。

そういう意味では、田舎には何もないがすべてである、のです。美味しい空気や水や食べ物……など。文字通り「地に足をつけた生活」ができるのです。

〈問⑵〉
「日本人の自然への畏敬の念は薄らいではいないか？」

＊「かんながらの道」と日本

この宇宙は「ゴッド（God）」が創ったというのが一神教の発想ですが、神道では、創ったのではなく、〝生まれてきた〟と考えます。生きとし生けるものが自然と共生するという「エコロジー」の考え方に近い。

古神道、すなわち「かんながらの道」は、教祖もない、教理もない、戒律もない教えです。「かんながらの道」こそが、「宇宙の直観」にもっとも忠実で、その本質が端的に働いている教えだと思われます。先進諸国において自然崇拝が文明の中核として生き続けているのは、日本だけではないでしょうか。

多くの日本人の心から自然への畏敬の念が薄らぎ、八百万の神々と共存してきた日本人の祖先の知恵からくみ上げられた生活システムが、崩れかかっているのではないだろうか。

＊自然の中に潜む美しさに気づくこと

殺虫剤や農薬などの化学物質が、連鎖的に生態系に影響を及ぼし得ることについて警鐘を鳴らした、レイチェル・カーソンは、「センス・オブ・ワンダー」の重要性についても述べています。「センス・オブ・ワンダー」とは、自然の精妙さに目を見張ること、その美しさに打たれることを言います。それを大切にすることが、ものごとの真偽、美醜を判断するうえで、自分の規準をつくってくれることになります。

私にとってのセンス・オブ・ワンダーは、少年の頃に体感した、あの麦君が麦踏みによって力を得て根を張っていく、「麦魂」でした。

＊山との対話

私は山登りをこよなく愛しています。山に登ると人間はホーリスト（全体論者）になります。相手は自然の全体で、人間も全能力を発揮せねばならない。山は泰然とし、毅然とし、超然としています。山には、山のもつ浄化作用があります。都会にいると、なにかにつけ刺激が多く、一面的な愛や憎しみのとりこになりやすいが、山の中へ入ると、そういったもろもろの末梢的な刺激から解放されます。そのうえ山には緑が多い。「緑は心理的な鎮痛剤である」というから、都会生活でチャージされたものが、山でディスチャージされる、と言えるでしょう。

〈問(3)〉
「すべてのものは関わりあっているのか？」

生命という観点から見るなら、私という人間が今ここに存在するには父親と母親が必要であり、この親子関係を限りなくどこまでもさかのぼり、また限りなくどこまでも横に広げていくと、すべての人間がつながっていること、人類が皆ひとつの家族だということがわかります。

そして、DNAの構造が示すように、このような生命のつながりは人間にとどまらずに、すべての動物、植物、微生物にまで及ぶのです。

＊都市化がつながりを壊す

世界中のほとんどの伝統社会では、お年寄りは社会や文化の中で、とても重要な役割をもっていました。老人と若者、男性と女性の役割分担と協力関係が、それぞれの場所で、ローカルな経済に有利に働いていたのだ。

都市化・工業化というプロセスは、人びとを時間と競争させ、忙しくさせていく。人びとはいらだち、疲れます。これは、日々どんどん革新され、スピードアップしていく科学や技術にペースを合わせなければいけないからです。それは人々に、より強いプレッシャーがかかっているということを意味しています。

＊キャンプの醍醐味

何でもモノが溢れている生活よりも、少し不便さを求めているとも言える、野生味を取り戻したいと思っています。

キャンプの楽しみは、焚き火につきると思う。焚き火というのは、何もないところから、木々を集め、自分で火を起こし、薪をくべながら、だんだん火を大きくして安定させて育てていく。それをボーッと見ているだけで癒されるというか、悩んでいたことなども燃やし尽くしてくれます。

焚き火を見ていると、気持ちが安らぐというのは、炎が「1／fゆらぎ」というリズムで揺らいでいるから、心を癒す効果があるのです。

時間の中に隠れて知られざる物語。輝かしいエピソードの後ろで、目立たない真実。それらの合間にこそ、命のバトンをつなぐ物語もありますし、重要な事実が潜んでいることもあります。

(5)「シンプル・ライフ」を生きよう

〈基本課題〉「シンプルに生きる生き方をするためには？」

〈問(1)〉「素敵な『手抜き』人生を生きるとは？」

ヨーロッパでは、欲しいものがいつでも手に入るお金持ちほど、じっくり選んだ本当に価値あるものを大切に使い続けるのです。家具一つとっても歴然です。年代もののソファーは、フレームがとても強く、美しいので、カバーを取り替え、修理してずっと使い続けます。このような習慣によって、ものの寿命も飛躍的に伸びていくのです。

安いし、必要だからと手当たり次第ものを買ううちに、荒れ果てた家で捜し物に追われ、時間や空間にロスが出る暮らしとは正反対なのです。

＊「どんな働き方をしたら幸せになれるのだろう？」

『捨てないパン屋』（２０１８）の田村陽至は、２０１２年に経営するパン屋を休業して、奥さんと二人で1年間フランスに住みながら、ほかのヨーロッパ諸国も巡り、パンを通じて「どんな働き方をしたら幸せになれるのか？」を調査してきました。

帰国してからの5年間、パン屋「ブーランジェリー・ドリアン」（広島市）では、パンを焼くのは田村本人だけ。でも焼く量は以前3、4人でつくっていたときと同じ量。店番は奥さん１人。でも売れる量は販売員が3、4人いたときと同じ量で変わっていないという。

その秘訣は、徹底的に「手を抜く」こと。

以前は20種類近くあったパンを、4種類にまで減らして、売るのは５００グラムか1キロの大きなパンだけ。しかも、具は入っていません。まさに手抜きです。代わりに、最高の材料を使って、天然酵母（ルヴァン）で発酵させたり、薪で焼いたりする。とはいえ、手抜きの功能はすさまじいのです。

少ない種類のパンに気持ちを集中させてつくるので、パンの出来も良くなります。加えて、働くのも楽です。安くて、うまくて、働く人もニコニコ。売れないはずがありません。それに、しっかり儲かります。売上はスタッフが8人いたときと変わらず年間2500万円程度になり、これを夫婦二人で稼げるようになったという。

「手を抜くことによって質を向上させている」からです。

自分の店「ドリアン」で誇りに思っていることは、パンを捨てないところ。農家さんがどれだけ思いを込めて、我が子のように麦を育てていることでしょう。

1億人に嫌われても、300人のお客さまのために全力で、良いパンを焼けば、十分に暮らしていける時代が、もう来ているということです。捨てないパン屋を目指すには、ありがたい時代です。

＊古い手法で革新＝薪窯

人間は何千年と薪を燃やしてパンを焼いてきた。ふと気づくと、私たちは薪の炎から遠ざけられてしまっています。それは太古からの歴史で初めてのことです。だからみなさん、炎が恋しいのだと思います。

薪窯でパンを焼くと、自然に窯の温度は下がっていきながらパンが焼かれます。感動的なのは、「一番古い方法が、最新の機材よりも優れていた」ということです。これがレトロ・イノベーション。古い方法での革新です。

〈問⑵〉「ミニマルライフとは?」

「ミニマリズム」は、もともとは建築や美術、音楽などの分野で1960年代に興った運動です。

装飾を最小限にした簡素なスタイルで、できるだけ物を持たないシンプルで小さな暮しをすることを目指したものです。

巨大なものではなく、ヒューマン・スケール（身の丈）を超えない、小屋、スモールハウスのような原点に立ち返るのです。場所、モノ、カネにしばられない生き方を追求します。

住まいが小さければ小さいほど、逆に住めるエリアの選択肢は広がっていきます。都心のど真ん中に住むこともできます。小さい住まいで複数の場所に住む多拠点居住もできます。平日は都会の小さな家、週末は自然豊かな場所で家族とくつろぐ、というようなライフスタイルです。

都市部と田舎のデュアルライフで、地方の過疎化対策にも有効なものです。

＊家が小さくなれば、自由は大きくなる
―3坪で手に入れるシンプルで自由な生き方

高村友也（2018）は27歳で「土地持ち、マイホーム持ち」になった。買った土地は、都心から原付で半日ほどの雑木林の中。10万円足らずで3坪ほどの小屋をセルフビルドした。家賃やローンはないし、固定資産税もかからない。必要な電力はソーラーパネルが半永久的に供給してくれるし、生ゴミや排水は畑に戻されるから大掛かりな下水設備もいらない。

使える電力もスペースも限られているから、余計な物を買うこともない。あとは、食費や諸々含めても、月に2万円もあれば左団扇で生きていけるという。

そうしたスモールでシンプルなライフスタイルをうまく使えば、みんなもっと余裕のある暮らしができるし、人によっては安定した収入を選ばずにやりたいことができるんじゃないかと思う。

やがて誰もが、経済は回れば回るほど良いと思っている幻想は何だったのかと疑問に思い始める。これはもしかしたら世界平和に通ずる道じゃないだろうか。

＊量より質を

安くあげるために小さくするのではなく、普通の家と同じクオリティのものを、時にはもっと高級なものを使うために小さくする。小さく住みつつ、そのクオリティにまったく妥協せず、シンプルかつぜいたくに過ごす。

＊「手放す」生き方

少しでも多く、を求めるのではなく、必要なものを見極めて心地よいものだけを残して後は手放す。シンプルで、軽やかで、心地よい生き方の中からこそ、内側から湧き出るように幸せや豊かさが実感できるのです。

＊「デュアルライフ」という生き方

都市と農山漁村が双方向で行き交うライフスタイルで、職住分離、都心一極集中や都心回帰が背景にあります。単に二重生活をするということではなく、それぞれの生活をシンプルにしながら特性をいかしていく。

＊小さいことは良いことだ

より大きく、より多く、より速くといった意味での人類の成長は、いずれ近いうちに停滞する。つまり、スモールでシンプルな生活の方が良いということが、ほとんどの人間に共通の価値体系、すなわち、ほとんどの人間が「良いこと」として認めるでしょう。

〈問(3)〉「『シンプルライフ』を生きるとは？」

＊ほんとうのシンプルとは？

人間が創った文化的生活の中よりも、「大いなる存在」が創った自然の中にこそ、私たちが求めるすべての原型が隠れています。自然の生活の中のシンプルで小さなことを楽しむ。そこからワクワク感は生まれる。ウォーキングで見る木々、新鮮な空気の香り、一日の光の変化、四季の変化、など。私にとって、ぜいたくな時間なのです。

人生の速度を緩めてまわりを見渡してみると、平素の生活スピードでは見落としてしまっている、小さくてシンプルだけれど、たくさんのおもしろいものが見つかるはずです。フィンランド人にとっての理想の夏休み、それは、４週間の休暇をすべて田舎の湖近くのサマーコテージで過ごすこと。生活の忙しさや町の喧騒から離れ、自然の中に溶けこむ。特別なことは何もしない。「何もしないこと」が必要なのです。湖の近くの石の上に座って瞑想する、シンプルに、地元でとれたものを食べるライフスタイルです（モニカ・ルーッコネン、２０１６）。

①「捨てる」「減らす」ではなく、モノを「大切にする」

そもそもあまりモノを買わない。いまあるモノを大切にする。

②「生活」を大切にする

やるべき仕事を終えたら、家族のために時間を使う。

③自分の「スタイル」を持っている

自分のスタイルが明確だから、モノが豊富でなくても、しあわせを感じることができる。

④物語の詰まった古い家具を使う

「古いモノにこそ価値がある」。古いモノにはなにかしら「物語」が染み込んでいる。

⑤不便さが「生きる精神」を養う

コテージでは、生活が一時代、昔に戻るので、そのゆったりとした時間を楽しむ。

⑥素朴でシンプルな食生活

食べものは自然からの贈り物。ごちそうの多くは、森、海、湖、川からの贈り物です。

⑦自然とともに瞑想し、見えない存在を信じる

⑹「シェアリングライフ」を生きよう

〈基本課題〉「つながり・共生を重視した生き方とは？」

〈問⑴〉
「自然と人間とのシェアリングライフとは？」

私たち人間は、人間として主体的に「生きる」面と、自然に支えられて「生かされている」面の両面を兼ね備えています。実際には、「生かされている」面がはるかに大きく、その自然からの恩恵を受けて初めて、人間として生きていけるのです。

人間として主体的に生きる「人間力」の育成は重要ですが、「自然人間力」、つまり「自然に生かされて、人間として生きる力」こそより重視すべきです。「生きる力」という人間中心の考え方よりもむしろ、「自然（宇宙・大自然）に生かされて生きる力」こそ目指すべきです。自然（大宇宙）に生かされていることへの感謝の心を基盤にして始めて人間として生きる力も、その本来の意義が深まるのです。

古来からの日本的な考え方は、人間と自然は本来一体のもので、人間は自然の中で自然に支えられて生きていて、人は小宇宙、自然の一部であるというものです。人は自分の力で生きているのではなく、神（仏）さまの恵みと先祖の恩によって生かされているのだという感謝の生活をしてきました。

人間は、他の動植物とも同等に、太陽や水や土などの自然の恵みに浴しながら共生して生きています。自然界に住むものすべて友達です。「生物皆兄弟」です。平素の生活において、「自然に馴染み、自然に感動し、自然から学び、自然と共に生きる」姿勢を持ち続けたいものです。

「奪い合うと足りなくなる、分かち合うと余る。」

〈問(2)〉「逆境にあって学ぶとは?」

*逆境こそが学びのチャンス

いろいろな悩みや問題は実は、その背後に、重要な意味を隠し持っています。私たちの人生に対する、とても大切なメッセージを含んでいるのです。

*「人生の闇の側」に立つ

これは、〝ポジティブ・シンキング〟とは異なる。

人間関係のもつれや病といったさまざまな〝問題〟〝悩み〟へと深く分け入っていき、そのような〝人生の闇の側〟に立って、そちらのほうから〝人生の光の側〟へと贈り物を届けていく、そうした方法です。逆説的というか、逆転の発想に立つ〝生きるヒント〟です。〝人生の闇の側〟、私たちの〝悩み〟や〝問題〟の側に立ってみて、そこから、生きるヒントを得ていく。

ビクトール・フランクルのトランスパーソナル心理学では、この、人生の逆説(幸福のパラドックス)を説く。

〈どんな時にも、人生には意味がある〉

「どんな時も、人生には、意味がある。
なすべきこと、満たすべき意味が与えられている。
この人生のどこかに、あなたを必要とする〝何か〟があり、
あなたを必要とする〝誰か〟がいる。
そしてその〝何か〟や〝誰か〟は、
あなたに発見されるのを〝待って〟いる。」

フランクルのこの考えは、いわば〝絶対的な人生肯定の哲学〟です。

＊答えはすでに与えられている

「人間が人生の意味は何かと問う前に、人生のほうが人間に問いを発してきているというのです。だから人間は、ほんとうは、生きる意味を問い求める必要なんかないのです。

人間は、人生から問われている存在です。人間は、生きる意味を求めて問いを発するのではなく、人生からの問いに答えなくてはならない。そしてその答えは、人生からの具体的な問いかけに対する具体的な答えでなくてはならない」（フランクル）

私たちの足下に、常に既に送り届けられてきている〝意味と使命〟を発見し、実現して

いくこと。どんな時も、人生には意味がある。だから私たちは、何も、それを求めて思い悩む必要はないのだ。あとはただ、私たちがこの素晴らしい真実に目を開くだけなのです。

＊〝いのちの働き〟に目覚める

こうして私は、決して私ではない〝何かほかの力〟〝何かほかの働き〟によって、立つことができています。その働きは、あえて名前を付ければ〝いのちの働き〟とでも呼ぶよりほかないような何か。

自分が生きている、のではない。何か大きな大河の流れのような、あるいは、この大自然、大宇宙そのものであるような〝いのちの働き〟。それそのものが生きているのであって、〝私〟はその〝大きな大きないのちの働き〟に生かされているにすぎない。その〝大きな大きないのちの働き〟がとった、ほんのちっぽけな一つの形にすぎない。

＊しあわせは目標ではなく、結果にすぎない

よろこびそのものを「欲する」ことはできない。よろこびはおのずと湧くもの。しあわせは、けっして目標ではないし、目標であってはならないし、さらに目標であることもできない。それは結果にすぎない。しあわせを得ようとすれば、いつも失敗することになります。

⇓　今まで、「自分を生きようとしていた」。…私中心の人生観。

しかし、今後は、「人生を生きる。人生が私に出す問いを生きること」に！

「私の人生にはどのような意味と使命が与えられているのか」

…生きる意味と使命中心の人生観。

＊苦悩の先にこそ光がある

―人間は「ホモ・パティエンス」

人間は苦悩する存在だ。苦悩には意味があり、苦悩の極みにおいてこそ、人間の精神は真に高められていく。

絶望の底にある時にこそ、ひらりと反転して、精神性の高見へと飛翔しうる。絶望の果てにあってこそ、光は差し込んできます。

＊穀田十三郎（1720－1777）という生き方

武士にお金を貸し、利子で郷里を潤す、という前代未聞の大事業を8人の同志とともに成し遂げ、貧困にあえぐ仙台藩吉岡宿を救ったのです。

昔、吉岡は貧しい町だった。お上から年貢を納めるだけで藩の助けもなく、民家が潰れはじめた。このままでは滅ぶと絶望した住人が自ら動き、普通は考えられないことですが、金を藩に貸し付けて千両の福祉基金をつくり、基金の利子を、全住民に配る仕組みを考えついた。9人の篤志家が身売り覚悟で千両をこしらえ、藩と交渉した。藩はあれこれいって金を多めに吸い取ろうとしたが、なんとか基金はできた。この9人の篤志家は見上げた人たちで、基金ができた後、藩から褒美の金をもらっても、それさえ住民にすべて配ってしまったという。おかげで吉岡の町は、江戸時代を通じて人口も減らず、今に至っているのです（磯田道史、2012）。

(7)「SNS^2 LIFE」プリンシプル

〈基本課題〉「『SNS^2 LIFE』を進める上での重要項目は何か?」

〈問(1)〉
「環境問題とは自分自身の問題なんだ」とは?

＊子孫も環境も「私」の一部

「環境」って何でしょう。普通は、人間を取りまいているもの、と考えられています。もしそう考えてしまうと、「環境を守る」とは、人間、自分を外に置いて、自然環境をどうするか、という発想になってしまいます。それで良いでしょうか?

私というものは、空間的にも個体を超えて広がったものだと思う。生物は環境に適応するように進化してきました。ある生物が生きている環境は、その生物にとってかけがえのないものであり、その環境がなくなれば、その生物も生存できなくなります。環境と生物とは一体です。

それほど環境が大切なものだとすれば、環境も「私」の一部だと言ってもいいのではないでしょうか。だから私は、自分のパートナーも子供も、そしていつも使っている机も枕も我が家も、我が家の前の道路も、ご近所さんも、そして日本も地球も、「私」の一部だと思っています。それらすべてはみな、私をかたち作っているものであり、それを大切にしないということは、自分自身を大切にしないことですよね。

＊狭くなった地球上で

現代日本人はいつでもどこでも欲しいものがすぐ手に入り、やりたいことがさっとできるように、世の中をつくり上げてきました。そのために莫大な資源とエネルギーをつかっているのですが、おかげで環境問題が生じています。

一方、ナマコは逆転の発想の生きものですね。食べ物を求めて駆けまわるのではなく、駆けまわることを徹底的にやめると、普通、食べられないと思われていた砂が食べ物になってしまう。この逆転の発想の要になっているのがキャッチ結合組織です。こんなすごいものを発明したナマコは偉いなあと、尊敬してしまいますね。

〈問(2)〉「フューチャー・デザインとは?」

＊「数十年先にタイムマシンで飛び、将来に生きる」

これは、政策を論じる場において、参加者が「数十年先にタイムマシンで飛び、将来に生きることになった」という想定の下に議論する、ロール・プレイング・ゲームのような手法です。

岩手県矢巾町は、人口約2万7000人の田園都市です。町政の総合計画を作成するにあたって、住民の意見を採り入れるため、6回にわたる住民討論のワークショップを開催しています。

自由な発想にもとづく発言が目立っていたという。

「2060年までには天候変動によって災害が多発し、農業の重要性が増しているのではないか」

「人口知能の発展によって仕事に取られる時間が減り、生活に余裕ができるので、矢巾町は音楽と芸術の町になっているのではないか」……。

「昭和・平成の時代と同じモノサシで考えていてはだめだ」

数十年後の将来世代の視点を持つという体験には、コミュニティへの参加意識を再生させる作用があるようだ。

＊７世代先を見据えた社会

将来世代の様々な資源を惜しみなく奪っているのが現世代です。イロコイ・インディアンは、重要な意思決定をする際、７世代後の人々になりきって考えるという。きちんと意識して、仮想将来世代を現代につくり、彼らが意思決定をするのです。

「将来世代のために」行う行動は、単に将来のためだけではなく、現在に突然に振りかかるかもしれない破滅的なことが起きる確率を下げるという効果があり、決して将来の世代の人のためだけのものではない。

「発想の転換が新しい価値を生み出し、新しい価値が変革を生み出す。」

〈問(3)〉「成長とは何か？」――産業の成長と自然の成長の違い

子どもにとって大人になることとは、大きくなって健康になり、強くなることなのだ。自然や子どもの成長は、一般に美しく健やかなことだと考えられています。

ところが、産業の成長となると、環境保護主義者などから見ると、資源の濫用と文化や環境の崩壊につながるものとして疑問視されてしまう。都市や産業の成長は、ガンのようなものだと言われます。ガンは、自分の住みついた生体組織（宿主）を無視して、自己のためにだけ成長するからだ。

桜は生長し、自分の遺伝子をより多く残していこうとします。しかし、このプロセスはただ一つの目的を果たしているのではない。実際、木が生長していくことで、いくつもの良い効果が生じます。木は動物や虫、微生物に食物を提供します。二酸化炭素を吸収し、酸素を生産し、空気や水を浄化し、土壌を育み安定させることで生態系を豊かにします。そして、木が作り出す生活圏に住む生物たちは、何らかの形でお互いを支え合うように機能しています。やがて木は死を迎えると腐敗し、土となります。この時、自分の蓄えていたミネラル分を大地に放つ。それはその場所に、新しい生命が健康に育つための栄養となる、という実に多様な目的を持って生きているのです。

木は、自分を取り巻く生態系のシステムから孤立しているのではなく、密接かつ生産的につながっています。これが自然の成長と、近代の産業システムの成長との重要な違いです。

〈問(4)〉「これからの時代に期待される人材とは?」

(1)「本当の幸せ」を追求する力

＊「生き方」の転換(ライフシフト)

―人生の問いのコペルニクス的転回(フランクル)

…「幸福を求める生き方」から「人生の問いかけに応える生き方」へ

「私は人生にまだ何を期待できるか」を問う　↓「人生は私に何を期待しているか」を問う。

人生こそが私に問いを出し、私たちは「問われている存在」。生きること自体、問われていることにほかならない。人生が出す問いに応えること。

「自分を生きる」↓「人生を生きる」(諸富祥彦、2013)

(2)「魂の進化」をめざして「聖徳野知感体」性を持つこと

(3)「調和・共生」の美学を追求すること

「不調和をもたらすもの」

(7)「SNS² LIFE」プリンシプル

――化学物質、片寄った食事、農薬、クスリ、添加物

・不調和を調和に戻すものは何か…病気（体を浄化する自然活動作用）

・調和に戻ることを阻害するものは何か……「恐怖」

・さまざまなトラブル……心（魂）を成長させる作用

(4)　現代の世界・社会・地域の課題認識に基づいて行動する力

「現代社会の特徴」は、次のようにまとめることができるでしょう。

・「生きる意味」の不況…経済的不況よりはるかに深刻↓「生きる意味」を創り出す時代へ

・「生命の輝き」…「数字信仰」から「人生の質（QOL）」へ

「経済成長教」…「経済成長が幸せをもたらす」という信仰

・コミュニティに支えられることなく、「個」がむき出しにされている社会

・「休暇」…疲れを癒すだけでなく、「内的成長」へのステップとする

(5)　「やる気」を持つ

2018年4月、米国ギャラップ社は全世界1300万人のビジネスパーソンの「やる気」（エンゲージメント）を調査した。同社によれば、わが国の従業員エンゲージメントは、「やる気がある」が6%、「やる気がない」は70%です。調査対象国139のうち、わ

が国は132位。米国の場合、「エンゲージド」は32％であるから、わが国がいかに低いかがわかります。

要するに、ギャラップの調査が明らかにしていることは、人間の生のダイナミズムこそ、企業の成長には重要だということです。「やる気」は、そもそも生まれながらに持っているのです。だから、やる気のない人を責めるのも良くない。「やる気を出せ！」とせき立てられても、出しているふりをするだけです。やる気が出ない環境、習慣が問題なのであって、どうすればやる気を取り戻すことができるのかを、皆の問題として検討する必要があります。

〈問(5)〉
「ポスト資本主義社会は『共生主義』が核になるべきではないか？」

＊経済成長なき時代をどう生きるか

「共生主義」、それは、ポスト資本主義社会を描くために打ち出された実践理論です。経済至上主義に抗する運動です。人がいたわり合って心豊かに暮らせる社会であり、それを市民の手で実現することで、もともと哲学者イヴァン・イリイチの言葉です。

共生主義は、「自然資源が有限であることを十分認識し、この世界を大切にする気持ちを分かち合いつつ、競いあったりして人類が生きていくには、どのような原則が必要か」を考えるのです（西川潤・マルク・アンベール、２０１７）。

共生主義の社会は、人間関係にいかなる差別も持ち込まず、人びとが互いに認め合う関係を創り上げる。依存されたり搾取されたりする物があってはならない。それぞれが等しい場を持つ共生の形を創り上げるのです。また、次世代を気遣い、環境への配慮も忘れない。

＊共生主義に立つ生き方とは？

――「他者をいたわり、自然への配慮を忘れずに、自分が属する社会のすべての構成員の幸福のために、責任を果たしつつ生きていくこと」

「自由と平等」を掲げる近代世界は、そのじつ社会分裂を進め、貧困を拡大し、社会の持続可能性を損ない、平和を脅かす点で、倫理的に支持できない。

グローバル化が善きにせよ悪しきにせよ、私たちの生活の多くの部分に浸透している今日、共生主義は、人間、制度、共同性間の関係を問いただし、行き詰まった近代世界システムからの転換の方向を考えるために提起されたと言えます。その意味で共生主義は、西欧近代を特徴づけてきた個人主義、経済主義、合理主義、効率と競争主義を批判する運動であり、「脱成長」（経済成長にこだわらない思考）の次の段階を構想する文化運動であると言ってよい。

＊４つの基本的問題

①倫理―個人に許される行為は何か、個人が自制しなければならない行為は何か
②政治―政治団体の正統性とは、どのようなものか
③環境―人が自然から得てよいものは何か、自然に返さなければならないものは何か
④経済―倫理、政治、環境の問題への答えと矛盾せずに、われわれが生産してもよい物質財の量はどれだけか

〈問(6)〉「生涯、『今が一番幸せ』と思える毎日を過ごすには？」

「今、あなたはどれくらい幸せだと思っていますか？」この質問に、自分の今の状況を自己評価して答えてみてください。

私は、今「99％幸せ」な人生を歩んでいると思っています。幸せは、基本的に、物の所有量や肉体的な健康度の問題ではない。その人が幸せと感じる心の状態です。

希望に満ちた未来へと私たちを導くのは、こころに響く声なのです。耳をすまして、「感じる力」を養えば、それは聞こえてくるようになるものです。

「三重苦の聖女」と言われたヘレン・ケラーは、不幸だったのでしょうか？　彼女は、雄々しく自らの過酷な運命を克服したばかりか、盲人の自律を促す社会活動を行い、障害者の福祉に生涯を捧げたのです。

彼女の言葉に耳を傾けてみよう。

「私は心の底から幸福だと思っています。……私は自分の障害に感謝しています。」

「１００％幸せな人生」と感じていたようですね。このように、幸せは、健康的かどうかの「状況」ではなく、自分自身の「感じ方・生き方」の問題なのです。

幸せと思える感度を常にキープし、死ぬまで「今が一番幸せ」と思える人生をおくるようにしよう!!

もはや、３００年続いた近代文明の延長線上の進歩・発展ではなく、次なる文明への模索を真剣に進めなければなりません。いわば、「人間中心文明」ではなく、「生命中心主義の文明」へと転換していくことが急がれます。そのためには、対症療法的な「適応政策」ではなく、自然の一員としての人間としてあるべき「本質思考」への回帰が必須であると言えよう。

過去にはつながっていた自然と人間、物と心を再びつなぎ合わせ、物に心をも見出す〝ものごころ〟、心のこもった〝ものづくり〟、ものを大切にする〝ものづかい〟の三位一体による、新たな「和魂ルネサンス」が確立されねばならない。

〈Stories for Discussion（3）〉

＊「イラン・イラク戦争の時、日本人を救出したトルコの飛行機」

１９８５年のイラン・イラク戦争のとき、イラクのフセイン元大統領が、「今から48時間後にイラクの上空を飛ぶ飛行機は民間機でも撃墜する」という無茶な声明を発表しました。当時の日本政府は急な事態に対応が遅れて、残された日本人を救援する飛行機を飛ばすことができませんでした。

現地の日本人は空港に集まりましたが、どこの航空会社も自国の人間を乗せるだけで精一杯で、日本人を乗せる飛行機はなかったのです。

そのとき、時間ギリギリにトルコの民間機が到着して、日本人を救出してくれました。外務省が問い合わせるとトルコ政府は、

「―――――――――。だから日本人が困っているのを知って助けに来た」

と話しました。トルコでは教科書にもエルトゥール号の話が載っているのです。

（トルコ政府の説明：「私たちはエルトゥール号のことを忘れてはいない。だから日本人が困っているのを知って助けに来た」。

１８９０（明治23）年に、公務を終えたトルコの軍船（エルトゥール号）が、帰国するときに嵐にあって和歌山県の小さな村の海岸で座礁した。多くのトルコ人が血だらけで海岸に倒れているのに気づいた村人たちは、嵐の中、必死で救助しました。貧しい村だったので十分な食糧もなく、最後は非常食の鶏までも与えて介護を続けました。

しばらくして、事故に気づいた明治政府が、援助の手を差しのべたので、助かった人たちを無事にトルコに送ることができたのです。

あの貧しい村人たちの必死の救出劇が、約1世紀後にまで生き続け、奇跡的な日本人の救出に生きたのです。

（トルコ政府の説明：「私たちはエルトゥール号のことを忘れてはいない。……」）

終章　「80代を生きる覚悟」
―「80歳」という人生行路の「結び」として
―「90歳」人生へのスタートの誓いとして

1.「しなければいけないことが多い」生活から「したいことが多い」生き方へ

仕事、人からの頼まれごと、日々の生活の日課などは、人それぞれではあっても、無難にこなすことが必要だ。人から期待され、人助けになったり、社会貢献に身を捧げる生き方は大切だ。

私も大学生活を「卒業」した79歳の誕生日（3月31日）まではそうだった。手帳の日程はスキマがないほど埋めつくされていることに快感さえ覚えていた。しかし、その間もずっと、何か物足りなさを感じてきた。「もっとゆっくりしたい」というような気持ちでは決してない。

今までの、仕事という「しなければならないこと」中心の生き方から解放されて、これからは自分が「したいこと」で生を埋め尽くそう！

「もっと、自分が生きながらも、命が自分を生きているような生き方」をしたい。

「自分で生の一刻一刻を、したいことをし、自分という枠組みを超えた生き方」をしたいと今までずっと思ってきた。

「したいこと」を「したいだけする」ことができるなんて、こんな贅沢で、幸せなことが他にあるだろうか。

「義務」って何だろう。何かの「糧」のために「やらねばならないこと」なのだろうか。「自由」って、「自」らに「由」っていること。自分から発している生き方のことです。ただ時間が十分あるとか、何かに縛られていない、というような状態を言うのではない。したいことが、やりたいだけやれるという喜びが「自由である」ということの喜びです。

2. 頂上に登らないと次の山は見えない

これまでは、あの山に登ろうと決めて登ってきた。紆余曲折を体験しながらも楽しく登り、「60歳」という山の頂上に立ってみると、達成感でしばらくは満ち足りた感慨に浸った。

しばらくして山の彼方を何気なく眺めていると、次の登るべき山が見えてきた。「よし、あの山に登ろう。「二度目の還暦」という山だ。「二度目の還暦」の山登りに悔いも、やり残し感もない。新たな山に登ろうという意欲と熱情が沸々と湧き上がってくる。

「これからの新たな山登りの方がさらに面白いことになりそうで、ワクワクする！」

そうして二番目の山に登り始めて20年。まだ3合目を過ぎたところだ。もっともっと楽しい、充実した山登りが続くのだ！

3.「インスピレーション」とは……「自分と自然とをピタッとつないでくれること」

インスピレーション、それは、頭や心の底に、モコモコッと浮かび上がってくるものです。時には、天から降りてくる感じで浮かんでくることもあれば、また時には、散歩していたりして、路肩の名もない草花を何となく眺めているときに、土の精が声かけをしてくれるように、大地から浮かび上がってくる感じのときもあります。草花をぼんやりと見ていると、大地が、水が、陽の光が、草を生やしている姿に感動をおぼえます。

ただただぼんやりとながら「感じる」のです。「考える」のではない。理性的に考え、判断しようとすると、ただ人間の側の脳が掴まえた像しか結ばない。「論理」という、人間がある意味勝手に生み出したものにしばられてしまう。

むしろ、考えないように、考えから脱出するように努めて、自分としての受け入れ態勢をできるだけ拡げて、自分と自然とが一体化するまで、自己昇華を待つゆとりが大切になってくるのです。

なんだかわけは分からないけど、そう感じる、思える、そんな気がするものを大切に育てることです。

自然の中にそっと身を置いていると、風のにおい、水面の小さなさざ波の音や、鳥のかすかな愛の掛け合いの調べが、目と耳と体を通して伝わってきます。五感が澄まされ、自分なのに自然でもある、自然なのに自分でもある、自分と自然のすべてが渾然一体となった姿に、平素は感じられないでいる「かすかな声」が聞こえ、「かすかな光」が見えてくるのです。

現代人は、頭が異常なほど発達して、考える知的活動が重視されすぎる傾向がありま す。それと反比例して、心で感じる力がすっかり弱まってきています。感情や欲望に身を任せて、聞き感じることができにくくなっています。あのアインシュタインも、

「想像は知識に勝る」

と言っています。感じ、想像し、イメージすることの大切さを認識しよう！

「感情」と「感じる力」は別のものです。感情とは「自分がこうしたい」という欲望・願望から生まれるものです。しかし感じる力は、もっと静かに内側から湧き上がってくるような感覚です。

感じる心、それは無限の可能性を持つ泉です。その泉にアクセスすることができるよう

になれば、人生の多くを変えることもできるのです。なぜならば、私たちのからだの中には、内なる宇宙の目には見えない無限のパワーが潜んでいるからです。

目の見えない人は、「落ち葉が落ちる音」が聞こえるといいます。視覚が失われた分、あるいはそれ以上に「感じる力」が育っているのです。

心は感じるものであって、考えるものではありません。人の判断の8割は直感によるのだそうです。科学は実証主義を前提にしています。そのため、合理を超えるもの、目に見えないものを感じ取る力が衰えてきています。合理を超えるもの、目に見えないものが多いのです。

病気になるのは直感力が失われているためではないでしょうか。必ず体はメッセージを発信して、教えてくれているはずです。それに気づかなかった、聞けないというのは直感力がないからだと思います。

知性や考える力も重要ですが、「感じる心」の重要性を認識し、直感力を研ぐ努力をしたいと思う。

4.「温故知新」主義、「因縁果報」を生きる

変化の激しい時代にあって、新しい流れに遅れないようにすることに汲々とするのでは

なく、「SNS[2] LIFE」を基本にした生き方をしたい。それには、「温故知新」の精神が大切です。なんでも新しいモノ、そして若いことに価値があるという考え方が強く、過ぎ去った古いモノを価値のないものとする風潮には断じて対抗していきたいと思っています。

仏教の言葉に「因縁果報」があります。変えられない「因」に変えられる「縁」がふれて「結果」が生まれ、それが自分と社会にフィード・フォワードされて、さらに新しい因や縁が生まれていく。望ましい「果報」を生み出すために、今後一層新たな「因縁」づくりに精を出したい！

5．新たな「楕円文化」創生にこそ、これからの世界の方向性がある

和魂の大きな特徴の一つである、異なった二つを一つに昇華して楕円にする文化があります。欧米の焦点が一つしかない「円」文化とは違って、二つの焦点を持った統一体「楕円」文化にこそ、今後の世界の進むべき道です。過去を美化するだけの復古趣味ではなく、伝統的な「科学技術・物質文明」（成長パラダイム）と「自然・生命中心文明」（成熟パラダイム）との二つを焦点とした、「新たな楕円創生」への道を、手を携え合って進んで行こう！

6．「趣味を生きる」・「読書を生きる」ということ

＊「趣味を楽しんで生きる生き方」に、どこか物足りなさを感じます

趣味は、音楽でもゴルフでも、実に楽しいものです。私も大好きです。しかし、楽しいのは楽しいのですが、いわば「楽しい」で終わってしまいます。それで充分なのかもしれません。それ以上を望む必要も特にないのかもしれません。

しかしながら、その音楽やゴルフなどの趣味に自分は引き回されていないだろうか。趣味を楽しむことが目的にしかなっていないからだろうか。

どこか心満たされない何かを感じるのはなぜなのでしょうか。「楽しさ」という目的だけにのめり込んでいて、見えていないものがあるからなのだろうか。目的にとどまらない、何か大きな広がりが感じられるような生き方があるのではないだろうか。

技術的に上手いとか、結果が不満とか、そのようなことに一喜一憂するような一面的な生き方でなく、「今、生きている」という生のすべてをただぼんやりと見つめて感じる世界に身を置いているような拡がりの中の自分を発見したい。

ただぼんやりとテクテクと散歩をする、山道を少し息を弾ませながら登っていく。そんな、上手いかどうかなど関係のない、誰でも何時でもどこでもできるような、「限定」のない自由な生を生きていきたいのです。

＊「読書を生きる」ということ

今までどれほどの本を読んできたことだろう。専門書、一般書、娯楽書、などなど。
最近のわが「SNS^2 LIFE」の中心は「図書館通学」です。岡山大学図書館と岡山県立図書館が中心ですが、1週間に1日程度、県内を中心に、公立図書館への「ブック・ツアー」に出かけます。自転車・バス・ローカル線のスロー・ツアーです。

とても楽しくて、毎回ワクワクするのです。どんな所にどんな図書館があって、どんな本が私を待ってくれているだろう、と期待に胸弾ませて到着する。と間もなく、「松畑君、待ってたよ、僕を読んで！」と本君が私に声かけしてくれるのです。最近、作家・角田光代さんも同じことを言っている文章に接し、「あっ、同じだ！」と嬉しくなりました。

今後も「出会い」を大切にしたい。自然との出会い、人との出会い、そして「本君」との出会いです。図書館通いの大きな魅力は、「今日はどんな本が僕を待ってくれてるかな？」と楽しみになることです。今日も新しい恋人に出会えるぞ！

「あなたの趣味は？」と聞かれたら、音楽と読書です、と答えて済ませていました。それはその通りなのですが、少なくとも今から見ると、違って見えるのです。「読書って、趣味でやるもの」なのだろうかって。もちろん、趣味のレベルの読書も十分あるし、重要なことでもあるでしょう。読書も趣味として楽しければそれでいいのだ、ということも当たっています。

しかし、今、私が「読書する」っていう意味は?と聞かれれば、一言で言ってしまうと、「読書を生きる」ということになります。読書することそのことが生きるということです。本は、ある意味では、単に媒体にすぎない。「本を読む」ということを通して、その本が描き、私に呼び掛けている世界に飛び込んでいって、その世界を自分なりに感じ、考え、生かしてゆく。つまり「本を生きる」ということこそ「読書」であろう。

本が単に、学びや知識の媒体になっているレベル、本を読むこと自体が楽しくて趣味になっているレベル。そのようなレベルを基底にしながらも、その本と共に生き、その本に生かされていることとの喜びの中から、自分なりの生を生きることこそ、「読書を生きる」レベルだろう。

本、それは人そのものなのです。面白いと思えない本(人)も、「つまらない」と決めつけることはできません。百冊(人)あれば、百通りの個性があり、顔があります。一つの面からしか見ないから「つまらない」本(人)になるだけです。相性が合う合わないはあるにしても、それは相手の問題ではなく、こちら側の問題なんです。相性なんて、時間が経てば、見方が変われば、簡単に変わるものです。「つまらない」と一方的にきめつけるなんて、その本(人)に失礼な話です。

「楽しければそれでいい」というレベルから、「生かされて生きている」レベルに向かって行くのが「読書道」ではないだろうか。

「生かされている」ということと「生きる」ということが一対化したことこそ、「道」の基本であろう。自然の恩恵のなかで生かされているだけではなく、人間として自分として生きているということだけでもない。生かされていることへの感謝と歓びに基づきながら、人間らしく自分らしく生きるたくましさの融合、ということが、読書の世界の中で実現されてゆくことを、今後とも目指してゆきたい。

〈参考文献〉

ヴォルフガング・ザックス『脱「開発」の時代』晶文社、１９９６
エクナット・イーシュワラン『スローライフでいこう』早川書房、２００１
カール・ベッカー、他『現代文明の危機と克服』コミィニティ・ブックス、２０１４
ダニエル・チャモヴィッツ『植物はそこまで知っている』河出書房新社、２０１３
ビクトール・E・フランクル『それでも人生にイエスと言う』春秋社、１９９３
ヘンリー・S・ストークス『日本が世界から尊敬されている本当の理由』SB新書、２０１９
マーク・ベコフ『動物の命は人間より軽いのか』中央公論新社、２００５
モニカ・ルーッコネン『フィンランド人が教えるほんとうのシンプル』ダイヤモンド社、２０１６
リンダ・グラットン、他『ライフ・シフト』東洋経済新報社、２０１６
池川明『子どもは親を選んで生まれてくる』日本教文社、２００７
磯田道史『無私の日本人』文藝春秋社、２０１２
上田正昭『日本人〝魂《タマ》〟の起源』情報センター出版局、２００８

内山節『新・幸福論──「近現代」の次に来るもの』新潮社、2013
大嶋仁『日本人の世界観』中公叢書、2010
大平浩二『生かされている哲学』PHP、2017
沖大幹、他『SDGsの基礎』事業構想大学院大学出版部、2018
梶田叡一『和魂に学ぶ』東京書籍、2006
梶田叡一『和魂ルネッサンス』あすとろ出版、2009
鬼頭秀一・福永真弓『環境倫理学』東京大学出版会、2009
木村武史『サステイナブルな社会を目指して』春風社、2008
小林正観『22世紀への伝言』廣済堂出版、2014
呉善花『日本的精神の可能性』PHP文庫、2002
西條辰義『フューチャー・デザイン』勁草書房、2015
清水馨八郎『日本文明の真価』祥伝社、2002
すみれ『かみさまは小学5年生』サンマーク出版、2018
仙頭正四郎『東洋医学─基本としくみ』西東社、2018
高村友也『スモールハウス』ちくま文庫、2018
田中　修『植物のあっぱれな生き方』幻冬舎新書、2013

参考文献

田中　修『植物は人類最強の相棒である』ＰＨＰ新書、２０１４
田村陽至『捨てないパン屋』清流出版、２０１８
中村桂子『小さき生きものたちの国で』青土社、２０１７
永沢哲『野生の哲学』青土社、２００２
西川潤『２０３０年　未来への選択』日経プレミアシリーズ、２０１８
西川潤・マルク・アンベール『共生主義宣言』コモンズ、２０１７
西田栄喜『農で１２００万円！』ダイヤモンド社、２０１６
久野和禎『フィードフォワード』フォレスト出版、２０１８
松沢哲郎『想像するちから：チンパンジーが教えてくれた人間の心』岩波書店、２０１１
諸富祥彦『ビクトール・フランクル　絶望の果てに光がある』ＫＫベストセラーズ、２０１３
安田喜憲『環境文明論』論創社、２０１６
やすだひでお『すべてはひとつの命』地湧社、２０１２
山極寿一『「サル化」する人間社会』集英社インターナショナル、２０１４

松畑熙一（まつはた・きいち）
1940年3月31日広島県生まれ。岡山大学名誉教授。
広島大学教育学部高等学校教育科外国語学科卒業。広島大学大学院教育研究科修士課程英語科教育学専攻修了。岡山大学教授、同副学長を経て学校法人中国学園・中国学園大学・中国学園短期大学学長を歴任。
専門分野は、英語教育・国際理解教育学。
主な研究業績――
『生徒と共に歩む英語教育』（大修館書店）
『英語は楽しく学ばせたい』（大修館書店）
『早期英語教育』（大修館書店）
『中学校シリーズ・英語授業づくり』（全5巻＝開隆堂）
『自ら学ぶ力を育てる英語授業』（研究社）
『英語授業学の展開』（大修館書店）
『英語教育人間学の展開：英語教育と国際理解教育の接点を求めて』（開隆堂）
『「吉備学」への助走』（吉備人出版）
『「連語」を生きる①』（吉備人出版）
『自分づくりの出発点――「連語」を生きる②』（吉備人出版）
『自分力の磨き方――「連語」を生きる③』（吉備人出版）　ほか

主な社会的活動 ――
岡山県高等学校教育研究協議会元会長、全国英語教育学会元会長（現特別顧問）、特定非営利活動法人「連塾」理事長。

吉備人選書 17
「和魂ルネサンス」への扉―「連語」を生きる ④
2020年3月31日　発行
著　者　松畑熙一
発　行　吉備人出版
〒700-0823　岡山市北区丸の内2丁目11-22
電話086-235-3456　ファクス086-234-3210
ウェブサイト www.kibito.co.jp
メール books@kibito.co.jp
印　刷　㈱印刷工房フジワラ
製　本　山陽製本

ISBN978-4-86069-610-8 C0095